* 教育部人文社科规划基金项目：新发展格局下长三角区域经济□
成长机制与治理策略研究（项目编号：21YJA790010）
* 浙江省哲学社会科学规划项目：浙江中小企业专精特新转型□
适配路径与串珠成链强韧模式研究（项目编号：23NDJC093YB）
济场景下产业链重构机理与数智强韧"链长制"适配模式研究（项目编号：
22NDJC056YB）
* 浙江省软科学重点项目：TOE 框架下浙江中小企业专精特新转型适配路径
与韧性发展模式研究（项目编号：2023C25045）

QUYU GAOZHILIANG FAZHAN
PINGJIA YANJIU

区域高质量发展评价研究

褚华东 唐根年 张景帅 史丽娜◎著

中国财经出版传媒集团
经济科学出版社
Economic Science Press
·北京·

图书在版编目（CIP）数据

区域高质量发展评价研究 / 褚华东等著. -- 北京：
经济科学出版社，2024.5
ISBN 978 - 7 - 5218 - 5768 - 9

Ⅰ. ①区… Ⅱ. ①褚… Ⅲ. ①区域经济发展 - 评价 -
研究 - 中国 Ⅳ. ①F127

中国国家版本馆 CIP 数据核字（2024）第 067288 号

责任编辑：周胜婷
责任校对：杨　海
责任印制：张佳裕

区域高质量发展评价研究

褚华东　唐根年　张景帅　史丽娜　著

经济科学出版社出版、发行　新华书店经销
社址：北京市海淀区阜成路甲 28 号　邮编：100142
总编部电话：010 - 88191217　发行部电话：010 - 88191522
网址：www. esp. com. cn
电子邮箱：esp@ esp. com. cn
天猫网店：经济科学出版社旗舰店
网址：http：//jjkxcbs. tmall. com
固安华明印业有限公司印装
710 × 1000　16 开　10.75 印张　160000 字
2024 年 5 月第 1 版　2024 年 5 月第 1 次印刷
ISBN 978 - 7 - 5218 - 5768 - 9　定价：68.00 元
（图书出现印装问题，本社负责调换。电话：010 - 88191545）
（版权所有　侵权必究　打击盗版　举报热线：010 - 88191661
QQ：2242791300　营销中心电话：010 - 88191537
电子邮箱：dbts@ esp. com. cn）

前　　言

党的二十大报告指出，高质量发展是全面建设社会主义现代化国家的首要任务。高质量发展是我国"十四五"时期乃至更长时期经济社会发展的主题，关系着我国社会主义现代化建设全局。高质量发展不只是一个经济要求，而是对经济社会方方面面的总要求，是以满足人民日益增长的美好生活需要为目标的高效、公平、可持续的发展。推动高质量发展，在当前和今后一个时期将贯穿我国经济社会发展始终。在我国全面开启社会主义现代化建设的新征程中，全面把握和正确理解高质量发展的内涵特征，深入分析高质量发展的理论逻辑，构建评价指标体系，通过测度评价，分析障碍因子，据此提出发展的政策建议，为中国式现代化全面推进、中华民族伟大复兴提供经济发展方略，是亟待解决的重大理论和现实问题。

高质量发展属于经济发展质量的范畴，但又区别于一般经济发展质量，是被赋予了"高"标准、"高"要求、有明确发展目标和实践路径的经济发展质量。

推动高质量发展是一个复杂的系统性工程，涉及经济、社会等多个领域。本书从系统论角度出发，在把握理解高质量发展内涵的基础上，首先对全国272个地级市高质量发展的"质"及其"韧性"、"量"及其"韧性"进行实证分析，探寻我国区域经济发展质量及其"韧性"的整体情况以及个体之间的差异性。进一步地，本书以浙江省为研究范围，从经济、社会、环境三个维度构建了16项高质量发展评价指标，运用熵权TOPSIS法分别从省域、市域、县域三个空间视角对其进行评价，并从地级市、县（市）两个层面探究浙江省高质量发展的动态变化特征。最后借助障碍度模型寻找制约浙江省县域高质量发展的主要障碍因素，并划分出不同的空间阻力模式。

具体来说，本书分为四个部分，共八章。

第一部分为导论和文献梳理，包括第1章和第2章。第1章主要阐释选题背景和研究意义，对研究内容、研究方法等进行阐述。第2章对相关理论和文献进行系统梳理，为后文的相关研究奠定理论基础。

第二部分是区域发展"质"与"量"的双"韧性"评价，包括第3章和第4章。第3章主要分析我国经济"质"和"量"两个方面的发展现状，并试图从产业结构、产业创新、经济规模、经济效率、居民消费水平等方面阐释经济发展过程中存在的问题以及待改善的地方。第4章主要分析全国272个地级市经济发展的"质"和"量"发展的基本情况，利用"韧性"理论模型，进一步甄别城市经济发展"质"和"量"的"韧性"，并做"韧性"特征性因素分析评价。

第三部分是多空间视角下浙江省高质量发展评价研究，包括第5~7章。第5章主要构建高质量发展评价指标体系，并从省域、市域、县域三个空间视角测度评价浙江省区域高质量发展水平。第6章则在上述研究基础上，进一步研究浙江省各地市、县（市）高质量发展水平在时间、空间上的动态变化特征及空间演进格局。第7章借助障碍度模型分别从准则层和指标层诊断影响浙江省县域高质量发展的障碍因子，并利用最小方差法划分出不同的空间阻力模式，进一步结合高质量发展水平等级展开分析评价。

第四部分为第8章。该章主要是对各章研究的总结，主要阐明本书的主要研究结论，并提出相关的政策建议。

总体而言，与以往相关研究相比，本书在以下三个方面做了进一步探讨：

第一，建立区域发展"质"与"量"的双"韧性"理论模型，分析测评区域城市高质量发展的"韧性"形成机制，扩展和延伸了"韧性"理论研究内涵，丰富了区域经济"韧性"研究的实践与应用。

第二，基于高质量发展内涵，结合系统论从经济、社会、环境三个维度切入，构建"经济—社会—环境"高质量发展评价指标体系，定量测度评价高质量发展水平，为区域高质量发展评价提供研究新思路，研究视角具有一定新意。

第三，尝试从省域、市域及县域三个空间视角对浙江省高质量发展展开研究，对浙江省高质量发展动态演化进行多视角比较分析，更能全面反映高质量发展现状。多空间视角的研究，使得整体研究内容更为细化，也为相关研究提供了一种新的思路。

感谢主要合作者唐根年教授对整体研究的深度指导和帮助，以及在研究设计过程中的真知灼见。在本书完成期间，从写作、修改到定稿，都倾注了唐根年教授大量的心血，在此致以深深的谢意。感谢张景帅和史丽娜对本书的构思、结构安排等方面提出的宝贵意见。感谢张景帅在区域发展质量的"韧性"评价上所做的工作，感谢史丽娜在浙江省高质量发展水平评价及预警研究中所做的工作。感谢经济科学出版社的老师们、杭州开元书局宋承发老师对本书出版付出的辛勤劳动。感谢我们的团队，大家的共同付出使我们在区域高质量发展研究领域不断取得了新进展。

褚华东

2024 年 2 月

目　　录

第1章 导　　论

1.1　研究背景

党的十九大报告中明确指出："我国经济已由高速增长阶段转向高质量发展阶段"，意味着中国正式开启高质量发展新征程，高质量发展成为当前乃至未来我国发展的重心。高质量发展是"十四五"乃至更长时期我国经济社会发展的主题，关系到我国社会主义现代化建设全局。高质量发展不只是一个经济要求，而是对经济社会发展方方面面的总要求；不是只对经济发达地区的要求，还是所有地区发展都必须贯彻的要求。高质量发展，是我国站在新的历史方位上，为突破发展瓶颈、适应社会主要矛盾变化而提出的重大战略，它既是适应经济新常态的主动选择，也是实现可持续发展的必然途径，符合人类社会发展的客观规律（李彩华，2019）。唯有高质量发展，中国方能顺利跨越"中等收入陷阱"，更好地满足人民对美好生活的需要（张军扩等，2019），加快建成社会主义现代化强国，实现中华民族的伟大复兴。

2008 年金融危机以来，全球经济失衡长期累积，收入差距持续扩大，环境透支与生态赤字等生态经济问题相互交织，由此引发了经济问题政治化、贸易保护主义、地缘政治、逆全球化等诸多问题，导致国际环境的不确定性日益增强。特别是在新冠病毒感染暴发的外生冲击下，世界经济陷入低迷期，这使得我国面临多风险叠加的不确定性发展环境。党的二十大报告中指出："世纪疫情影响深远，逆全球化思潮抬头，单边主义、保护主义明显上升，世界经济复苏乏力，局部冲突和动荡频发，全球性问题加剧，世界进入新的动荡变革期""我国发展进入战略机遇和风险挑战并存、不确定难预料因素增多的时期，各种'黑天鹅''灰犀牛'事件随时可能发生。我们必须增强忧患意识，坚持底线思维，做到居安思危、未雨绸缪，准备经受风高浪急甚至惊涛骇浪的重大考验。"因此，有必要增强忧患意识，充分发掘并夯实自身经济发展的"韧性"，做到居安思危、未雨绸缪，着力推动经济高质量发展。

经济的快速发展改善了国民的生活水平、增进了民生福祉、提高了人们的生活品质，但是在取得丰硕的成绩之时我们更应该关注经济增长的方式。本书认为，经济增长的方式对于经济发展至关重要，经济发展不应仅体现在"量"上的要求，还应有"质"上的标准，这也就要求我们要转变经济发展方式，以解决发展过程中出现的问题。实际上，经济增长数量和质量是经济增长过程中辩证统一的两个方面，理想的经济增长应实现数量和质量的协调统一，既能满足"量"的要求又能体现"质"的规定（钞小静，惠康，2016）。无论经济发展方式如何转变，都要注重经济发展的稳定性和可持续性，发展质量的稳定性和可持续性是经济发展的必然要求，也是抵抗内外部复杂多变环境带来风险的有效方式。因此经济高质量发展的稳定性和可持续性评价值得深入探讨和研究。

浙江省位于我国东部沿海地区，是我国经济发展最为活跃的省份之一。作为"两山理论"的发源地，浙江省始终坚持"绿水青山就是金山银山"理念不动摇，并将理论付诸实践，经济发展与生态环境保护并行。同时，浙江省是特色小镇诞生地，特色小镇建设走在全国前列。特色小镇是具有明确产业定位、文化内涵、旅游功能、社区特征的空间载体（李强，2015），其致力于实现"产、城、人、文、生"融合发展，对于促进我国经济社会健康持续发展具有重要意义。可见，无论是在经济社会发展还是生态保护上，浙江实践在全国均具有一定代表性、典型性及示范性。此外，浙江地处长江三角洲南翼，西连安徽和江西，北接上海和江苏，是长江三角洲城市中承上启下的重要纽带。区域一体化是实现高质量发展的必由之路，长三角地区是我国经济最活跃、开放度最高、创新能力最强、一体化程度最高的区域之一，是具备率先实现高质量发展的区域之一（黄征学等，2018），在我国高质量发展格局中具有举足轻重的地位。作为长三角一体化发展的重要参与者和推动者，加快推进浙江高质量发展，对于推动长三角区域更高质量一体化发展，实现我国由大到强的转变具有重要的现实意义。

基于以上背景，本书从"韧性"角度出发，在面上对全国 272 个地级市经济发展路径的稳定性以及可持续性进行分析，在点上又以浙江省为例，就其高质量发展的动态变化特征及主要障碍因素展开研究，以期为浙江省加快推动高质量发展提供理论依据和实践参考。

1.2 研究意义

1.2.1 理论意义

在中国进入新时代的大背景下，政府的积极推动使得高质量发展迅速成为学术界乃至社会各界的关注焦点。中国高质量发展研究尚处于起步阶段，当前我国学者仍主要聚焦于经济领域的高质量发展研究，且研究成果大多基于省域层面，从地级市、县域等小视角展开的研究较少。本研究在厘清经济发展质量概念的同时，将其与经济"韧性"理论交叉融合，有助于扩展经济发展质量的内涵与外延，促进经济发展质量评价理论方法的深化与完善。本书从经济、社会、环境三大维度切入，从省域、市域、县域三个层面对浙江省高质量发展情况进行研究，一定程度上丰富了我国高质量发展研究的内容。同时，本书运用文献计量方法梳理分析我国高质量发展研究成果，尝试从整体上客观把握其研究现状，这为后来者了解该领域的研究热点提供了便利，也为后续创新性研究提供了理论依据，具有重要的理论参考价值。

1.2.2　现实意义

经济发展质量的稳定性和抗风险性有利于经济稳步发展，同时经济发展质量"韧性"的提升对熨平经济周期、避免经济增长的大起大落以及保持经济发展在合理区间内运行具有重要战略意义。本书对我国272个地级市经济发展路径的稳定性以及可持续性展开研究，对经济发展质量"韧性"提出相关政策性建议，具有很强的现实意义；基于系统论视角从经济、社会、环境三大层面构建高质量发展评价指标体系，分别测度省级、市级、县级三个空间视角下的浙江省高质量发展水平，有助于全面系统地认识浙江省高质量发展状况，为今后浙江省制定相关政策提供参考；并进一步利用障碍度模型识别阻碍浙江省高质量发展的关键因素，从而为相关部门提供预警，对浙江省实行短板预警管理、加强顶层设计以及因地制宜地推进全省高质量发展也具有重要的借鉴意义。

1.3　研究内容与方法

1.3.1　研究内容

本书遵循"现象描述—机制阐述—分类评价"的思路，将区域高质量发展评价分为四个相关命题——"区域发展质量'韧性'的形成机制""区域高质量发展水平评价""区域高质量发展动态演化机理""区域高质量发展预警研究"。基于上述逻辑关系，本书主要对如下内容进行了研究：

1. 区域发展"质"与"量"的双"韧性"机制分析

产业结构即为"质"，经济规模即为"量"，"质"与"量"的有机结合才能为区域高质量发展提供强有力的保障。为了给经济发展提"质"保"量"，本书从规模"韧性"、结构"韧性"的角度出发，对 272 个地级市的经济高质量发展进行评价阐述。基于"韧性"视角，本书对经济结构以及经济规模在受到冲击后的路径演化机制进行分析。经济冲击对于经济结构的冲击主要体现在经济波动对于产业结构以及政策导向等的影响，本研究侧重分析经济波动对于产业结构的影响。

经济规模和产业结构在受到冲击后路径的演化，对区域经济"质"与"量"的提升具有至关重要的作用。在文献回顾的基础上，本书提出四种演化路径。第一种表现为经济规模、产业结构在受到冲击后呈现向上的发展态势，表明经济规模和产业结构具有"韧性"，有利于提升经济发展质量。第二种表现为受到冲击后经济规模具有良好的表现，而产业结构出现明显的衰退，这说明经济规模具有"韧性"，而产业结构不具备良好的"韧性"，也表明经济发展是粗放式的，发展所带来的问题也愈发凸显。第三种表现为经济规模不具有"韧性"而产业结构具备"韧性"，这表明经济发展的"质"在不断提升，那么"量"上的积累只是时间的问题。第四种表现为经济规模、产业结构均不具有"韧性"，经济规模与产业结构双双下降，以致经济发展从此一蹶不振。

基于"韧性"理论模型，本书以 272 个地级市为研究对象，针对上述四种情形对我国区域高质量发展的"韧性"形成与演化机制进行实证分析，研究表明：我国区域经济规模和结构规模在空间分布上呈现明显的两极分化格局，而科技创新、人力资本、人口活力、物流运输等因素显著影响我国城市经济高质量发展。我国区域经济"质"（产业创新、产业发展、TFP增长率）、"量"（居民消费、国内生产总值）均受到 2008 年美国次贷危机冲击的影响。从冲击对"质""量"产生的影响程度上看，京津冀、长三角、成渝、珠三角等城市群的"量"受到的冲击较小，四川、河南、湖南、山东等劳动力主要输出地区的"质"受到的冲击较小。从城市发展路径上看,"量"的发展路径呈现正态分布且均值大于0,相反"质"的发展路径略显分散,没有显著特征。对城市经济规模、结构规模冲击前后发展路径偏移(K值差)的研究发现,不同城市在应对外部冲击时所展现的能力不同,有的城市在应对外部冲击时具备路径创造能力和可持续发展的能力,有的城市在应对外部冲击时具备可持续发展能力但是不具备路径创造能力,相反有的城市两者均不具备,缺乏有效应对外部冲击的能力。两种"韧性"呈现明显的空间格局分布差异,规模"韧性"主要以中心城市构成"核心—边缘"结构,而结构"韧性"则多以中心城市为主。同时具有经济规模"韧性"的城市数量上明显多于具有结构"韧性"的城市数量,反映出我国经济规模"韧性"水平整体上强于结构"韧性"水平。"质"与"量"两种"韧性"呈现高低不匹配的现象,"双高""一高一低""双低"的城市分布差异较大,其中"双高"城市数量仅有11个,且主要是北上广深等一线发达城市,表明我国质量"韧性"整体水平不高,质量"韧性"水平有待提升。为了更好地改善不匹配现象,应加强风险防范意识,提升第三产业发展水平,注重科技创新的引领作用,形成经济增长与产业提升的良性循环,按照高质量发展要求,保持经济健康持续发展。

2. 浙江省高质量发展水平评价

高质量发展是新时代的要求,关乎经济、社会及环境的全方位均衡发展。本书基于高质量发展内涵和新时代社会主要矛盾的两个方面,借鉴区域空间结构理论,从经济、社会、环境三个维度构建了高质量发展评价指标体系。根据建立的评价指标体系,运用熵权TOPSIS法综合评价2007~2020年我国31个省份的高质量发展水平。

在省域层面,研究期内,2007~2020年全国绝大多数省份高质量发展综合指数总体呈上升趋势,且全国均值稳步增长,表明我国发展质量总体上不断提升。研究发现,浙江省高质量发展水平在全国名列前茅,且排名稳步上升,发展态势稳中向好。研究期内,经济子系统得分始终最高,是浙江省高质量发展的主导支撑，这表明浙江省高质量发展具有较强的经济属性。生态环境次之，社会子系统发展水平最低。子系统间发展差距随时间逐渐缩小，浙江省在经济、社会和环境三个维度的发展渐趋协调。

在市域层面，杭州市高质量发展综合指数始终高居第一，遥遥领先其他地区。宁波、舟山次之，位居浙江省前三。第三梯队为嘉兴、湖州、绍兴。研究发现，以上地区 2020 年高质量发展综合得分均在 0.4 以上，表明发展态势较好。紧随其后的是金华、台州，研究期内高质量发展综合指数也有所上升。而温州、衢州和丽水三个地区则稍显落后。从区域分布看，浙北地区的高质量发展水平明显高于浙南地区，浙江省市域高质量发展存在明显的区域差异。

在县域层面，县域作为国民经济和社会发展的基本单元，对推进高质量发展具有十分重要的意义。本书以浙江省 2012 年的行政区划为准，选取 58 个县域为研究对象。运用熵权 TOPSIS 法计算 2007～2020 年浙江省 58 个县（市）高质量发展综合指数，研究发现这一时期浙江省绝大多数县（市）高质量发展综合指数在 0.2～0.4 范围内，2017 年仅有 28 个县（市）高质量发展水平在平均水准之上，表明浙江省县域高质量发展整体水平较低，还有很大的提升空间。2017 年至研究末期的 2020 年，浙江省全部县（市）高质量发展综合得分均高于 0.2，"低分"县（市）成功清零，表明浙江省县域高质量发展渐显成效。

3. 浙江省高质量发展情境动态演化评价

在综合评价浙江省高质量发展水平的基础上，运用核密度估计、马尔可夫链和探索性空间数据分析等定量分析方法研究浙江省各地市、县（市）高质量发展水平在时间、空间上的动态演化，可以更为全面地反映研究期内高质量发展全貌。

首先运用核密度估计，解释研究期间浙江省市域高质量发展的总体动态演化特征。研究发现，在地级市视角，2007～2020 年浙江省市域高质量发展水平呈现出先下降后上升的变化趋势，但总体在波动中上升。下降的原因可能是研究前期，浙江省为实现绿色发展，转变经济发展方式，淘汰落后产能，一定程度上抑制高质量发展，环境保护的绿色效应对高质量发展的影响还不明显。2012 年后环境治理绿色效应对高质量发展的促进作用逐渐显现，因此高质量发展水平开始回升。在县域视角，2007～2020 年浙江省整体县域高质量发展水平未有明显提升，核密度曲线始终呈单峰分布，也说明在研究期内浙江省县域高质量发展一直未有极化现象发生。

其次运用马尔可夫链考察浙江省各地级市、县（市）高质量发展水平动态演化的路径和概率，以揭示其内部特征和动态变化。地级市层面的研究发现，2007～2020 年浙江省市域高质量发展总体呈现出向上发展的良好趋势，高质量发展水平在逐渐提升。各地市在高质量发展进程中维持原有状态的稳定性较强。县域层面的研究表明，浙江省县域高质量发展水平的分布状态总体较为稳定，不同发展水平间的流动性较差。处于较低水平的县域，不发生转移的概率高达79.2%，说明由路径依赖产生的"锁定效应"明显。

最后根据全局空间自相关分析方法，以 2007～2020 年浙江省各地市的高质量发展综合指数为特征量，分析高质量发展空间演进格局。在地级市视角，研究表明浙江省市域高质量发展存在一定的空间正相关性，研究期内空间集聚现象总体较为明显。进一步研究发现，研究期内市域高质量发展空间关联格局并未随时间的推移而发生显著性变化。在县域视角，2007～2020 年高质量发展水平的空间正相关性较强，高质量发展水平相近的地区在空间分布上呈现明显的集聚特征，但集聚程度呈先升后降的变化趋势，集聚态势总体有所减弱。

4. 浙江省高质量发展预警研究

县域是高质量发展的中坚力量，县域高质量发展已成为浙江省迈入高质量发展轨道的关键所在。因此，研究分析制约浙江省各县（市）高质量发展的短板，探明影响各县（市）高质量水平提升的主要障碍因子，亦具有重要现实意义。

　　研究利用 2007～2020 年浙江省 58 个县（市）数据，借助障碍度模型，引入指标贡献度、指标偏离度和障碍度分别计算准则层和指标层的障碍度。研究期间，经济结构的障碍度始终明显大于其他准则层，是制约浙江省整体县域高质量发展水平提高的首要障碍因素。其次为民生改善、创新能力、发展效率和绿色环保，以上四个因素的障碍度在研究期间基本大于 10%，是影响县域高质量发展的主要障碍因素。进一步地研究按照单项指标的障碍度大小，筛选出障碍度大于 3%、对推动高质量发展制约作用明显的障碍因子。在三个子系统中（经济子系统、社会子系统、环境子系统），2007 年浙江省县域高质量发展众多障碍因子中存在具有普遍影响作用的障碍因子，研究末期 2020 年影响较为广泛的障碍因子和 2007 年基本一致。

　　针对研究初期和研究末期各地区经济发展、社会民生及生态环境三个子系统的障碍度，本研究进一步细分出不同的空间阻力类型。发现研究初期和研究末期均只存在双系统阻力模式 E-S 型（经济—社会）和三系统阻力模式 E-S-R 型（经济—社会—环境）。进一步研究将两种阻力模式细分为三种阻力类型，即 E＞S 型（经济发展＞社会民生）、E＞S＞R 型（经济发展＞社会民生＞生态环境）和 E＞R＞S 型（经济发展＞生态环境＞社会民生）。2007～2020 年浙江省县域高质量发展空间阻力模式由"经济—社会"双系统阻力模式过渡到了"经济—社会—环境"三系统阻力模式，经济发展始终是县域高质量发展的首要障碍因素。

1.3.2　研究方法

　　在文献梳理的基础上，以"韧性"理论和高质量发展理论等为依据，从理论和实证两个方面，从"质"和"量"两个角度，对区域发展质量"韧性"的形成机制、高质量发展空间演化路径等问题进行了探讨，主要采取的研究方法包括：

1. 文献分析法

为更全面把握我国高质量发展研究现状，本书采用文献定性分析与定量分析相结合的方式，其中文献定量分析中又具体选用文献计量法。文献定性分析，即通过分析文献内容，揭示其反映的事物本质特征和发展规律的一种文献分析方法，它在文章观点的提取上存在一定主观性。文献计量法则是以文献外部特征为研究对象的一种量化分析方法，在分析研究内容上相比传统的文献定性分析更为客观。本书采用文献"定性与定量"相结合的研究方法，有助于全面把握高质量发展研究进展，从整体上厘清高质量发展研究脉络，充分了解高质量发展领域的研究热点和研究不足，对本书的选题、研究思路的形成提供了极大的帮助。尤其是在高质量发展内涵的把握、高质量发展评价指标的选取和测度方法上，前人的相关研究成果为此次研究提供了很大的借鉴价值。

2. 探索性空间数据分析

通过运用探索性空间数据分析方法，更为直观地揭示全国经济规模、经济结构以及经济高质量"韧性"的地理分布特征。并通过聚类分析对经济高质量"韧性"进行聚类，并对各种类别的"韧性"进行比较性分析，同时针对经济质量"韧性"发展过程中需要解决的问题，提出适配模式和对策建议。

3. 对比研究法

对比研究法在此次研究中应用较多，例如，不同空间视角下的浙江省高质量发展情况的对比研究，同一空间视角不同年份的浙江省高质量发展情况的比较分析，以及省域层面不同子系统发展水平的差异分析。借助对比分析法，可使研究结果更全面、严谨，有利于加快推进浙江省高质量发展的相关政策建议的提出。

4. 定性与定量分析相结合

在高质量发展的内涵研究和高质量发展评级指标的选取上，本书采用了定性分析法；在高质量发展水平的测算，动态变化特征研究和主要障碍因素研究上，研究分别选用了熵权 TOPSIS 法、核密度估计、马尔可夫链和障碍度模型等定量分析法。

1.4　研究创新点与展望

1.4.1　研究的创新点

与以往高质量发展研究不同的是，本书基于"韧性"理论，重视经济"韧性"与高质量发展的关联效应，强调多空间视角高质量发展情境动态演化，尝试从一个全新的视角对高质量发展的"韧性"、水平和演化进行评价。具体来说，借鉴已有研究成果，本书主要从以下 3 个方面进一步展开。

1. 研究内容更为细化

从已有文献看，国内高质量发展研究大多基于省级层面，针对视角较小的地级市、县域层面的相关研究较少，且研究视角单一。为避免在整体层面较为宽泛地探讨，本书在实证过程中充分考虑多空间视角，尝试从省域、市域及县域三个空间视角对浙江省高质量发展全貌展开评价研究，更能全面反映浙江省高质量发展现状及其动态演化过程，使得整体研究内容更为细化，也更为全面。

2. 研究视角的选取具有一定创新性

研究将产品生命周期理论与经济发展结合在一起，从经济发展路径的稳定性、可持续性以及创造性等角度展开经济"韧性"模型的构建，并定量分析和定性解释经济发展"质""量"及其"韧性"，扩展和延伸了"韧性"理论研究，为评价区域高质量发展提供了新的研究视角。此外，国内学者以往研究多从"创新、协调、绿色、开放、共享"五大发展理念、"五位一体"或社会主要矛盾出发，而本书基于高质量发展内涵，结合系统论从经济、社会、环境三个维度切入，构建"经济－社会－环境"高质量发展评价指标体系定量测度评价浙江省高质量发展水平，为类似研究提供了一种新的思路。

3. 研究方法具有一定创新性

国内学者在研究高质量发展时间特征时多为理论性描述，实证研究较少。本书尝试运用核密度估计法、马尔可夫链定量分析浙江省高质量发展时间动态变化，研究结果更为科学客观，从一定程度上弥补了现有相关研究的不足。同时，本书尝试对浙江省高质量发展动态变化进行多视角比较分析，得到的研究结果更为丰富和全面，深化了高质量发展评价在时间和空间动态演化层面的探讨。

1.4.2 研究展望

本书虽然对我国 272 个地级市发展质量的"韧性"形成与演化机制进行了理论和实证分析，并进一步对浙江省区域高质量发展水平进行了测度评价，进而分别从准则层和指标层的障碍度研究影响各县（市）高质量水平提升的主要障碍因子，并细分出不同的空间阻力类型。但受研究水平和现有数据所限，还有以下两方面有待进一步深入研究：

一是，本书基于系统论视角，从经济、社会、环境三个维度选取了 16 个指标构建高质量发展评价指标体系。指标的选取借鉴了前人相关研究成果，有理可据，较为科学合理，但依旧无法保证覆盖到高质量发展的方方面面，完全体现高质量发展内涵。同时，由于笔者能力和精力有限，一些需要社会调查调研得到的定性指标如公众满意度、人民群众幸福指数等未纳入高质量发展评价指标体系之中，可能会造成高质量发展评价结果和现实情况存在一定偏差。我国高质量发展研究尚处于起步阶段，高质量发展内涵仍待深入探讨和进一步完善。后续研究应充分考虑数据的可获得性，根据不断丰富的高质量发展内涵，对其评价指标体系加以完善，尽可能减小评价结果与现实的偏差，使其更为真实客观。

　　二是，本书主要侧重中、宏观角度分析区域高质量发展情况，缺乏微观数据分析和微观案例的探讨。根据高质量发展水平等级划分选取不同类型的微观典型案例进行具体分析，其采取的政策措施、选择的发展路径对浙江省乃至全国其他地区提升发展"韧性"和推动高质量发展都具有极大的借鉴价值。今后在这方面做进一步研究，那么本书的实践针对性将更具现实意义。

第2章 理论基础与文献综述

2.1 相关理论基础

2.1.1 "韧性"理论

2.1.1.1 "韧性"理论的演化

"resilience"来自拉丁语,现阶段对于这个词出现了不同的翻译,有的学者译作"弹性"(胡晓辉,2012;彭翀等,2015),而有的学者译作"韧性"(苏杭,2015)。"弹性"与"韧性"的内涵有一定程度类似,如果所研究的方向和领域不同,那么所揭示的原理也就不同。"弹性",经济学名词,由阿尔弗雷德·马歇尔提出,指一个变量相对于另一个变量发生的一定比例的属性的改变,有需求价格弹性、供给价格弹性、需求收入弹性、需求交叉弹性等经济概念。"韧性",物理学概念,是指材料受到使其发生形变的力时对冲击的抵抗力以及吸收复原能力。"弹性"与"韧性"在一定程度上均能表示冲击所带来的影响,但是"韧性"则表现为一种能力和一种过程,更加凸显其动态性的特征,相反,"弹性"更像是一种静态的结果,仅仅反映冲击所造成的结果,不能反映冲击后的表现。结合本书所研究的主体是经济发展质量在受到冲击后表现出的能力,包含抗风险能力、稳定性以及可持续发展能力,这一点与"韧性"更加吻合,故本书将"resilence" 翻译为"韧性"。

"韧性"（resilience）是一个起源于物理学、工程学、生态学等学科的概念，指一个系统主体遭受到外部冲击后维持和恢复原有系统状态的能力。"韧性"最早由生态学家霍林（Holling，1973）提出，用"韧性"概念解释生态系统承载能力，描述生态系统在遭受冲击以后恢复原有系统状态的能力。考虑到"韧性"所具有的恢复能力这一属性，随即关于"韧性"的研究逐渐向各领域延伸，例如心理创伤修复、自然灾害的应对和社会生态系统调适等方面。随着时间的推移，"韧性"研究维度从单一维度扩展到多维度"韧性"概念不仅仅外部得到延伸，而且"韧性"的内涵也相应的得到了创新和发展，相继出现"工程'韧性'"（engineering resilience）、"生态'韧性'"（ecologic resilience）、"适应性'韧性'"（adaptive resilience）等概念（见表 2-1）。由于"韧性"概念所展现出的普遍适用性，交叉在不同学科中，以至于不同学科给出了不同的定义。

表 2-1　　　　　　　　　　　　　"韧性"理论演化

名称	理论概念	特征	应用对象	相关学者
工程"韧性"	系统在受到干扰后恢复到均衡状态或者稳定状态的能力	抗干扰能力，恢复能力；单一、稳定的均衡状态	物理系统	Holling（1973）、Manyena（2006）等
生态"韧性"	系统在不改变自身结构、功能和同一性的前提下所能承受的干扰能力	抗干扰能力，恢复能力，恢复时间；多重均衡、动态稳定状态	生态系统	Hassink（2008）、Pike A.（2010）、Masten A.（1990）等
适应"韧性"	系统在遭遇外部冲击和干扰之后迅速恢复系统本身所需的应对能力	动态性、可调节性，复杂性，非均衡性	经济系统	Hudson（2010）、Luthar（2000）、Simmie（2010）、Perrings（2006）等

如表 2-1 所示，通过对"韧性"理论演化的梳理，当前学术界主要从三方面对经济"韧性"进行解读：首先从物理学视角出发，经济受到冲击

后能够快速恢复到相对平稳，即经济系统受到冲击后的恢复能力；其次从生态学视角出发，经济系统在外部干扰下进入一个新的状态，即经济体达到一个最优状态；最后是从适应性视角出发，侧重综合系统反馈，全面分析经济"韧性"的动态过程。由此可见，既有研究多围绕经济"韧性"中的某一方面进行研究，从而使对区域经济"韧性"相关概念的研究存在系统性不足与缺乏实践导向性。

随着研究对象和目的不断变化，"韧性"概念呈现出多样化的特点，正所谓仁者见仁、智者见智。因此，为了更好地理解"韧性"概念，有必要对现有的"韧性"研究文献进行梳理和分析，以了解"韧性"概念的发展趋势及其与经济发展之间的联系。本书按照时间发展顺序进行梳理，工程"韧性"最早将"韧性"概念与工程领域相结合，也是为"韧性"概念的延伸开创了先河。所谓的工程"韧性"即系统在受到干扰后恢复到稳定状态的能力（Manyena，2006）。其中，系统冲击的范围较广，包括自然灾害和社会变革，例如洪水、地震、银行危机、战争或者冲突等。从定义上分析，工程"韧性"突出强调的是系统在遭受到冲击时所表现出的稳定性，这一点与市场的自我纠错机制相类似。当市场上供给与需求不均衡时，市场价格信号会使市场的资源、劳动力、技术进行转移，使得供需均衡。但是对于均衡状态的界定存在一定的争议，增加了学者对于"韧性"概念的兴趣。随着"韧性"研究广度的加深，学者们认为"韧性"不再仅仅局限于系统在受到冲击后所需要恢复的时间，而更加关注系统对于冲击的承载能力以及稳定状态的界定（冲击阈值）。生态"韧性"的出现，对"韧性"概念进行了改良，认为工程"韧性"所展现的系统在受到冲击后的单一、稳定状态是不全面的，系统遭受到冲击后，稳定状态存在多样性即存在多重均衡状态，同时稳定状态的多样性取决于系统本身维持稳定的阈值（Pike，2010）。当系统所遭受的冲击超过阈值时，系统可能会进入一个新的发展轨迹或者发展路径。生态"韧性"所强调的重点是系统遭受冲击后的多重均衡思想，换句话说，系统对于冲击的反应存在多样性，系统在受到冲击后可能出现三种情形：（1）系统对于冲击的抵御能力不足，吸收部分冲击干扰后进入低于原有水平的发展路径。（2）系统具有较强抵御冲击的能力，通过系统结构的调整从而到达高于原有水平的发展路径。（3）系统不能有效适应外部冲击带来的影响，发展轨迹出现背向偏移，造成发展路径从此一蹶不振。生态"韧性"摒弃了工程"韧性"所认为的单一均衡思想，将单一均衡的理念转变为多重均衡，实际上是对"韧性"概念的一种升级和创新。

近年来，随着冲击形式和冲击强度的改变，如何应对和吸收冲击的干扰以及如何提升抵御冲击的能力，逐渐成为学者们研究的重点。学者们将研究的重点更多放在系统遭遇冲击后的表现，即，行为主体通过何种办法来应对冲击所带来的影响。西米和马丁（Simmie & Martin, 2010）结合复杂适应系统理论，提出"适应性'韧性'"观点，认为系统具有在遭遇外部冲击、干扰之后迅速恢复应对的能力，也就是说，系统具有一定的自我修复与自我调整的能力。但其与上述两种"韧性"具有本质上的区别，适应性"韧性"强调的不再是均衡思想，更多的是强调动态性——动态调节系统本身的适应能力。

2.1.1.2　区域经济"韧性"的概念界定

随着研究对象的拓展，"韧性"概念不断变化和完善。从单一均衡理念转向多重均衡思想，并在此基础上体现出系统所具有的动态调整能力。近年来，世界各国经济的发展都受到不同形式的冲击和扰动，例如周期性经济衰退、市场变化、技术革新等带来挑战以及所谓"慢性燃烧"（能源枯竭、产业结构单一和人口老龄化）等问题的凸显。这些问题都可能使得经济系统陷入困境，经济系统在受到冲击后是恢复到原有的增长路径还是逐渐衰落下去，对于经济发展至关重要，故学者们开始了对区域经济"韧性"的研究。区域经济"韧性"（regional economic resilience）正在超越"绿色""可持续""精明增长"等理念，在国际范围内影响着区域规划和发展政策（谭俊涛等，2020）；其在国内也日益受到重视，2016 年博鳌论坛专设了

"经济的'韧性'"分论坛。目前，关于区域经济"韧性"的研究主要集中在四大问题：一是区域经济"韧性"如何界定？二是为什么区域间会表现出"韧性"差异？三是从长期来看，经济"韧性"如何影响区域高质量发展？四是如何加强区域经济"韧性"？围绕这四大问题，学者们基于国家、区域、城市、县镇等层面展开了大量研究。

目前学者们更多地把区域经济"韧性"当作一种概念隐喻而不是学科理论来看待（Pendall et al.，2009；Hassink，2010）。区域经济"韧性"是一个高度复杂的多维度概念（Sensier et al.，2016），不同学者对其作出了不同的界定（见表2-2）。目前，区域经济"韧性"的研究逐渐出现了"演化""复杂系统""政策"等视角的转向，权威学者马丁和森利（Martin & Sunley，2015）、博世马（Boschma，2015）给出了比较前沿的代表性概念。

表2-2   区域经济"韧性"概念

定义	代表性文献	特征
区域经济系统遭受外部干扰或冲击后，在不改变其系统结构和功能的情况下恢复原来稳定和均衡状态的能力	Pendall et al.（2009）；Mackinnon et al.（2009）；Treado（2010）	抵抗力、可恢复性、稳定性
区域经济系统遭受外部干扰或冲击时，可能恢复原来的稳定状态，也可能通过重组系统结构超越原来水平并进入更好的发展状态，强调系统的多重均衡性	Pike et al.（2010）；Hassink（2010）；Hudson（2010）；Davoudi et al.（2012）	间断性、多重均衡性
区域经济系统遭受外部干扰或冲击时，区域经济内部各要素（如企业、产业、技术和制度）通过相互调适和共同演化来最大限度地降低干扰或冲击的影响，强调区域经济实现适应性发展的能力	Martin（2010）；Dawley et al.（2010）；Christopherson et al.（2010）；Grillitsch（2020）	复杂适应性、非均衡性
区域经济"韧性"不仅是区域应对冲击的能力，更是区域在长期内发展出新的增长路径的能力，并与区域历史息息相关	Boschma（2015）；Martin & Sunley（2015）	复杂适应性、非均衡性、动态演化性

概念上的模糊性带来了测量上的不一致性，不同学者基于其研究情境和区域对象给出了多样化的测量方法：核心变量法（Davies，2011；Martin，2010；Balland，2015）、指标体系法（Briguglio，2006）、模型测度法（Simmie & Martin，2010；Christopherson et al.，2010）。最早通过构建一篮子指标体系方法来测度经济"韧性"的是布里格利奥（Briguglio，2006），之后一些智库都倾向这一测算方法。近年来相关文献开始选择另一种方法测度区域经济"韧性"：分析一个区域对经济冲击反应程度的核心变量法，如用就业人数（Martin，2010）、GDP（Davies，2011）、专利数（Balland，2015）、贸易量（Bergeijk et al.，2017）等单一变量法，或者结合两种变量进行分析的多变量法，如：戴维斯（Davies，2011）和布雷克曼（Brakman，2015）使用失业人数和 GDP 相结合测算金融危机后欧洲国家的区域经济"韧性"。

目前，我国面临着复杂严峻的外部环境和高质量发展内在要求的挑战，因此，在新发展格局下增强中国区域经济"韧性"的主要目的是在化解系统风险中持续推进高质量发展。对此我们需要对标新发展格局的战略目标要求，对区域经济"韧性"内涵进行更全面系统的科学解读。综上，本书将区域经济"韧性"界定为：在经济风险冲击和干扰下，通过生产和发展方式的全面系统变革，推动区域经济发展动力与"韧性"系统的优化组合，来实现经济稳态均衡增长与高质量发展的由抵御力、恢复力、创新力和再组织力所构成的能力系统。

2.1.2　区域空间结构理论

区域空间结构理论由古典区域增长理论发展而来，它将一定范围内的有关事物看成是一个有机的整体，不单单考虑空间结构关联，而且从时间变化上也予以了考察，主要包括圈层结构理论、核心—边缘理论等。

2.1.2.1 圈层结构理论

圈层结构理论最初由德国农业经济学家杜能（1986）提出。杜能在著作《孤立国》中，通过研究农业生产方式的空间布局，发现城市由中心向外圈层布局，简称"杜能圈"，产生原因是级差地租。杜能的研究认为区域经济在空间布局上形成了以城市为中心、以圈层结构为特点、向外逐步发展的格局。城市作为在不断发展过程中拥有相当实力的区域经济实体，由于对周边区域的影响存在"距离衰减规律"，整个城市圈在中心区域形成集聚，呈圈层结构逐步向外扩散。日本学者小岛秀夫（Kojima，2000）对"雁行形态"和梯度推移理论等著名理论进行了研究，提出它们也是圈层结构理论的一个拓展，其认为产业转移主要是在层级之间进行的，当发达地区某项产业由于级差地租、人力成本等原因导致生产成本上升时，转移到圈外就可以降低成本。潘旭明（2011）利用圈层结构理论对成都和重庆城市圈的发展进行研究，认为"通勤率"是圈层结构理论所倡导的城市空间组织形式的重要形态，其他措施还包括解决城乡分割、实现产业错位发展等措施。刘等（Liu et al.，2012）研究了上海城市的圈层扩展，通过出租车营运得出了商业、工业、住宅和娱乐的土地使用强度，认为工业用地的强度使用最大，而限制城市外部土地使用强度的主要因素是交通因素。吴朝宁等（2021）借鉴圈层结构理论，依据游客空间集聚特征建立景区层次结构，利用大量游客长时间签到蕴含的时空信息，分析游客空间分布扩张规律，挖掘地理要素关系，提出基于圈层结构理论的游客活动空间边界定量提取新方法。

早期圈层结构理论，主要受级差地租的影响，使农业和工业等产业向外以圈层的模式推出。而现在由于交通设施的改善，郊区化、城市中空化则对圈层结构理论赋予了新的研究内涵，城市功能开始以中心核心区向外以圈层模式不断拓展（朱慧，周根贵，2017）。圈层划分多基于地理要素的集聚现象，不同划分方式基于不同指标阈值划分层级，如基于距离（焦利民等，2017）、密度梯度（薛冰等，2019）。

2.1.2.2 核心—边缘理论

核心—边缘理论，是由不平衡发展理论向平衡发展理论过渡的一个阶段，是由弗里德曼（Friedmann，1966）提出的。该理论主要提出了核心区域（一般是指城市和城市集聚地区）和边缘区域（包括乡村、落后地区和一些资源相对较为匮乏的地区）之间的关系，认为核心区与边缘区不是简单的从属关系，而是一种依赖关系。他们共同组成一个完整的空间系统，促进地区经济的发展。弗里德曼的研究建立了空间计划理论，指出城市的核心区是社会活动的集聚区，在发展中处于支配地位。而外围区依赖核心区的发展，与核心区一起组成一个相互联系、相互完整的空间系统。这一理论对于我国区域发展问题研究具有较高的实践意义，相关学者纷纷将其应用到经济发展的各个领域。吕康娟和付旻杰（2009）通过汽车集聚度指数比较了中国与其他国家汽车产业"核心 – 边缘"的演化过程。赵金丽和张落成（2015）运用该理论对"泛长三角"产业转移进行了研究，将空间划分为中心、边缘和外围区域，偏离份额证实这三个圈层之间存在梯度转移的特征。万红莲等（2019）基于"核心 – 边缘"理论，依据旅游域模型和旅游圈的概念，指出旅游圈的形成可以促进经济区及其周边旅游业的发展。卢小丽和周梦（2023）基于"核心 – 边缘"理论，指出乡村旅游地相对贫困问题源于地理、产业、资源、决策等多维空间的"核心 – 边缘"结构，非均衡空间结构引发边缘群体的多元化涌现。

"核心 – 边缘"理论既可以用来解释单个行业，也可以用来评价区域内经济发展，能很好地应用于处理城乡关系、发达区域与欠发达区域之间的关系等（朱慧，周根贵，2017）。

2.2 区域经济"韧性"研究

2.2.1 区域经济"韧性"研究领域

2008 年国际性金融危机的爆发，各个国家均受到了不同程度的影响，值得注意的是，有的国家在受到冲击后能够迅速回到原有的发展轨迹，相反有的国家从此一蹶不振，这种异质性的表现即为"韧性"的不同。现阶段，"韧性"在经济领域的研究较为丰富，国外对于经济领域中的"韧性"研究较早，一般研究的领域集中在发展经济学、区域经济学以及宏观经济学领域，各个领域的分析主体均有所不同。其中，发展经济学中的"韧性"研究主要从发展的角度出发，针对贫困阶层和小国经济进行宏观分析；在区域经济学中的"韧性"研究主要关注经济可持续发展所面对的问题；而宏观经济学中的"韧性"研究则更多关注经济冲击对于经济增长的影响（Chaudhuri et al.，2001）。发展经济学研究领域认为，高收入阶层对于外部冲击抵抗性大于低收入阶层，原因可能是，经济冲击会直接减少低收入家庭的可支配收入，导致家庭经济状况恶化。乔杜里等（Chaudhuri et al.，2001）对印度尼西亚的家庭收入进行实证研究，通过可行广义最小二乘法对家庭收入脆弱性进行测算，结果发现收入水平高、受教育程度高的家庭抵御外部冲击的能力较强，符合之前所提出的假设。发展经济学经济"韧性"研究领域更多的是对于经济规模的研究，无论是上述对于低收入家庭的抗风险性，还是小国经济的抗干扰能力，都是一个经济体规模的表现。区域经济学领域相比发展经济学来说，对于"韧性"的研究又深入了一步，克里斯托弗森（Christopherson，2010）、马丁（Martin，2012）等认为，"韧性"对于区域经济学来讲，应该是以区域地理条件和发展阶段为前提，研究区域经济是否具有可持续发展的能力。然而区域经济可持续发展能力是多方面的，要考虑到区域的竞争能力、区域的创新能力以及区域所处的经济环境等诸多因素。故在区域经济学领域研究"韧性"，自然也需要考虑到"韧性"与区域经济发展因素间的关系。布里斯托（Bristow，2010）、詹妮弗（Jennifer，2010）、哈德森（Hudson，2010）等分别从区域竞争力、区域创新能力、区域经济环境的角度出发，探究其与经济"韧性"之间的关系。

　　以上对不同经济学领域的"韧性"进行了分析与探讨，可以发现不同研究视角下的经济"韧性"有着不同的定义，定义上的差别易造成研究系统上的不完整性，所以为了给出经济"韧性"准确的、较为认同的定义，马丁（Martin，2010）认为经济"韧性"包含四种能力：第一，抵御和吸收冲击的能力，表示区域经济系统对经济冲击、干扰的抵御力；第二，冲击后恢复的能力，表示区域经济系统对于冲击的反馈情况、冲击后经济系统的恢复速度与恢复程度；第三，对于冲击的调整能力，表示系统在遭受冲击后重新整合内部资源、调节自身结构以适应外部环境变化的能力，从而维持经济、社会稳定；第四，创新能力，所谓的创新能力是经济系统在遭受经济冲击后路径的创造能力，改变原有的发展路径适应新的外部环境，开启新的发展路径实现经济的稳定增长。上述四个维度全面概括了经济"韧性"的研究内容，包含了"韧性"研究的整体方向，具有一定的代表性。

2.2.2　区域经济"韧性"影响因素

　　经济"韧性"是西方学者为解释经济复兴和可持续发展问题而讨论的新议题。国外学者们从不同的研究视角对经济"韧性"进行阐述。马丁（Martin，2006）从演化经济地理学的角度出发，解释了为什么有的地区能摆脱经济冲击带来的困境，从冲击中恢复过来，相反有的地区却被困境"锁住"并逐步走向衰退。同样，麦金农（MacKinnon，2009）等从区域经济"韧性"的角度对区域受到冲击后反映的异质性作出解释。因此，学者们开始从经济发展路径进行分析，以经济发展路径偏离程度来衡量受到冲击的影响。路径即经济发展的轨迹，一个国家或者一个地区在受到经济冲击时，可能发生的路径有：延续原有发展路径；在原有发展路径的前提下创造新的发展路径（这里指的是优质的路径）；原有的路径遭受到破坏，经济运行轨迹出现严重的偏离，最终导致经济出现崩溃。针对上述分析，学者们作出了相应的研究和解释。马丁（Martin，2010）、派克（Pike，2010）、哈辛科（Hassink，2010）等学者认为路径创造不是凭空出现的，是在原有路径基础上创造的。但是特雷多（Treado，2010）则以美国匹兹堡钢铁生产基地成功转型为例子，认为其转型的成功是对原有资源的利用、组合和重新配置的能力，而非路径创造的能力。两者之别在于创造新路径的能力是否依据原有资源为依托。如果过度依赖原有路径会造成区域路径的锁定。所谓的"锁定"是指经济发展会随着规模递增而出现"自我强化"的现象，既得利益者往往不愿改变原有的发展状态，从而导致经济困在某种状态，造成锁定（David，2007）。布朗和戈林鲍姆（Brown & Greenbaum，2017）从产业结构的角度研究了"锁定"区域对经济冲击的反映。研究表明，产业多样性和产业结构合理化的地区在遭受外部冲击后表现得更好，相反，产业单一、集中度低的地区易造成区域锁定。这也可以认为冲击影响较为广泛。因此，一个地区产业结构多样化是可以有效分散风险的。

同时，关于经济"韧性"影响因素分析也是学者们关注的重点，本书对学者们影响因素研究的整理分析表明，学者们普遍从产业结构、社会资本、政策和制度环境以及文化因素等方面考虑。戴维斯（Davies，2011）研究发现，部门结构对欧洲各国经济"韧性"有显著的影响，其中金融业为主的地区相较于建筑业、制造业为主的地区"韧性"较好。徐和沃纳（Xu & Warner，2015）的研究同样指出制造业部门占比较高的地区经济"韧性"相对较差。但是迪卡罗（Dicaro，2015）发现经济"韧性"与制造业份额呈现正相关，制造业可以刺激更高的投资、资本积累。经济"韧性"影响因素较为广泛，学者们越来越关注经济"韧性"的影响因素。有部分学者发现，社会关系即社会资本，对于经济"韧性"有一定的影响，该影响分为正向效应和负向效应。阿格德尔（Agder，2009）认为社会资本对提升经济"韧性"具有正向作用。豪泽（Hauser，2007）则认为，社会资本积累过度（社会网络中关系联系较为紧密）会造成社会网络中认知的一致性，这样会导致认知的锁定，不利于有效、及时应对经济冲击所带来的影响。克雷斯波（Crespo，2012）通过构建拓扑关系模型研究社会资本的影响，在拓扑关系网中，高级节点之间联系越密切，越容易造成锁定；他认为社会关系网络中各节点间应该保持适度的联系，才有利于抵御经济冲击所带来的影响。企业是社会关系中的微观单元，故企业的行为同样与经济"韧性"存在一定的关系。惠特利（Whitley，2000）认为，企业家精神最具有创新活力，其经济"韧性"也最好；同时，政府对企业的干预越少，政策环境越宽松的地方，经济"韧性"越好，但是，并不是政府放任不管就是好的，在一定冲击（战争、疾病以及自然灾害等）下，政府的干预会促进经济的快速复苏。上述分析说到的企业家精神，自然也不能回避文化因素，文化因素是精神存在的前提。布朗和戈林鲍姆（Brown & Greenbaum，2017）认为开放的社会文化氛围更具备企业家精神，开放的文化氛围有利于抵御经济冲击。哈金斯（Huggins，2015）等也对社会文化因素做了相关分析，结果表明，更开放、多元化、富有企业家精神的社会文化环境更有利于生产活动的重组和复苏，具有更好的经济"韧性"。城市化程度也同样会对经济"韧性"产生影响，布拉克曼等（Brakman et al.，2015）将居民划分为城市、都市区以及农村人口，研究发现，大都市区的居民由于接受高新技术企业雇佣的机会较大，从而大都市区可以更加积极地应对外界冲击。

相对于国外有关经济"韧性"的研究，国内的研究重视程度不足，研究的角度较为局限，不能更好地做到在经济"韧性"领域延伸。国内现有的研究主要从文献综述和实证分析的形式进行研究，其中多数以文献综述的形式为主。胡晓辉（2012）分别从演化经济地理学、复杂适应系统以及政策管理三个视角对经济"韧性"进行评述，并针对现阶段经济"韧性"

研究提出三点建议：（1）加强多视角区域经济"韧性"概念框架研究；
（2）拓展区域经济"韧性"的分析方法和实证范围；（3）开展情景化的区
域经济"韧性"政策研究。该研究是对经济"韧性"研究框架的概述（胡
晓辉，2012）。孙久文和孙翔宇（2017）等对区域经济"韧性"研究进展和
在中国应用的探索进行研究，从经济"韧性"视角分析当前东北地区经济
下行的原因，并与深圳作比较，提出相应的合理化建议。苏杭（2015）同
样指出，现阶段对于经济"韧性"所展开的实证研究较少，未来经济"韧
性"研究需要在外延界定上有所突破，不仅要对现有经济"韧性"概念进
行整合和提炼，而且要尝试与其他概念相分离。不同地区的基本要素存在
差异，如何构建一个普遍适用的经济"韧性"概念需要进一步深入研究。
李连刚等（2019）同样采用文献综述的形式对经济"韧性"进行研究，对
国内外相关文献进行梳理，重新对区域经济"韧性"的概念内涵进行了定
义，认为区域经济"韧性"的概念是系统面对冲击时的抗风险的能力（避
免发展轨迹脱离）以及可持续发展的能力，经济"韧性"的概念是一个不
断演化的过程。

本书认为，经济"韧性"概念演化在于所研究的主体是否改变，主体
所处的宏微观环境发生改变，其概念必然是个演化的进程。王琛和郭一琼
（2018）将经济"韧性"研究做横向延伸，拓宽了研究领域，并以我国电子
信息产业的经济"韧性"为例，研究指出，地方产业内企业的异质性、龙
头企业的影响力、地方产业的开放性、动态性和业务结构对电子产业的经
济"韧性"具有显著的正向作用。张景帅等（2019）在"两山"理论的基
础上对浙江省县域经济"韧性"进行实证分析，发现环境质量、企业创新
占比、信息化水平、"两山"偏差与经济"韧性"演化呈现显著的相关性。
李连刚等（2019）研究表明，区域经济"韧性"是一个演化的过程，区域
对冲击的抵抗水平受到上一个经济周期恢复能力的影响，第二产业相比于
第三产业更易受到冲击影响，过度依赖传统重工业易造成区域锁定。

2.2.3 区域经济"韧性"研究方法

经济"韧性"是一个经济系统具有的固有本质，它具有长期、持续地提升经济系统的能力，是一种经济发展的关键属性。因此对于经济"韧性"的测度是研究的第一步也是关键一步。现阶段对于经济"韧性"的测算包括两种方法：指标体系法、核心变量法。吉劳蒙特（Guillaumont，2009）从脆弱性的角度出发，构建经济"韧性"指标体系，从国家规模、空间位置、专业化程度、受到自然灾害冲击的影响程度以及出口的稳定性等五个维度对地区经济"韧性"进行评价。指标体系法在指标的选择及其所占的权重方面存在一定争议，而且由于经济"韧性"和经济发展之间存在一定的联系，有可能造成因果之间混淆（Guillaumont，2009）。故考虑到上述原因，近年来开始选择另一种测算方法：核心变量法，用一个区域经济冲击反应程度的核心变量（失业人数、GDP、贸易量）来表示经济"韧性"。例如，戴维斯（Davies，2011）、布拉克曼（Brakman，2015）、贝赫艾克（Bergeijk，2017）等分别通过就业人口变化、失业人数、GDP 以及全球贸易量的变化情况代表经济"韧性"。此类方法在一定程度上是采用"缺口"的思想，用冲击前后的核心变量的缺口来表征"韧性"。通过单一核心变量测度经济"韧性"，显得缺乏说服性、整体性，一个变量只能反映一种或者一个领域的情况，难以反映整体的情况。

本书的研究则结合上述两种测度方法来构建"韧性"测度方法，以指标体系法重构核心变量，使变量具有完整性和说服性，避免无法反映全局情况；同时结合"缺口"的概念，既可以避免"韧性"指标选取弊端，又可以解决"缺口"概念存在的不完整性等问题。

2.3 高质量发展研究

从发展实践来看，目前我国已进入经济发展的新常态（李扬，张晓晶，2015）。随着中国社会主要矛盾发生转变，中国特色社会主义迎来了"新时代"（张军扩等，2019）。中国经济在经历了长期高速增长之后，逐步步入中高速的增长阶段。对于此阶段的中国来说，既有趋势性因素也有周期性因素的干扰，经济下行的压力十分明显，所以抵御外部冲击、稳定经济发展对于现阶段我国发展至关重要。国际金融危机爆发后，世界经济复苏乏力，经济持续低迷、经济滞胀等问题凸显，而且，我国属于出口导向型国家，世界经济的不景气，外部需求对我国经济的拉动作用明显弱化。同时，我国劳动力人口在不断下降，人口红利所带来的优势逐渐消失，这将使我国的经济趋势与过去完全不同。人口红利的消失将会减缓资本投资的增速。这种内外部的影响导致我国原有的要素投入、外需拉动、投资拉动等增长方式受到了限制和削弱，经济增长速度很难维持过去的高速增长状态。针对上述问题，我们必须通过转变发展的模式、发展的路径、发展的方向来解决发展中出现的诸多问题。

发展的目的即为解决矛盾与问题。不同时期、不同阶段，一个国家一个社会所面临的矛盾和问题不同，发展的任务、要求和内涵也不尽相同。纵观中国发展历程，中国发展所面临的矛盾也在发生着变化，矛盾的转变迫使发展方式也相应地不断改变。改革开放初期我国处在短缺经济阶段，我们所面临的矛盾为人民日益增长的物质文化需要同落后生产之间的矛盾，这个阶段我们专注的是经济发展的速度，增加产出量，克服经济短缺所造成的社会问题。现如今，经过改革开放40多年高速增长，我国经济已经完成起飞，基本解决短缺经济问题，从低收入国家转变为中等收入国家，从落后生产能力的贫穷国家成为世界第二大经济体（金碚，2018；史丽娜、唐根年，2023）。我们的基本矛盾也相应转变为人民日益增长的美好生活需要和不平衡不充分的发展之间的矛盾，这个阶段我们应更加注重发展的质量，通过提升发展质量解决发展中存在的矛盾与问题（田秋生，2018）。2012 年，中国 GDP 增速自 21 世纪以来首次降至 8% 以下，中国经济进入三期叠加的新常态。党的十九大报告提出高质量发展，推动经济实现由量的扩张转向质的提升，这正是中国应对新常态阵痛、支撑新时代现代化建设、打好双循环国内基础的重大战略部署（张军扩等，2019）。党的二十大报告指出，要坚持以推动高质量发展为主题，推动经济实现质的有效提升和量的合理增长。这都要求新时代的高质量发展必须坚持质量第一、效益优先，通过质量变革、效率变革、动力变革，促进效率的提升，不断提升我国高质量发展水平。

2.3.1　高质量发展文献研究脉络分析

中国高质量发展研究尚处于起步阶段，对其相关研究成果进行梳理与总结，有助于从整体把握其研究现状，为后续创新性研究奠定基础。文献计量法是一种基于数学和统计学，以文献外部特征为研究对象的量化分析方法，它在分析研究内容、方法和热点趋势上具有一定优势，能在限定的时间范围内揭示特定研究领域的发展趋势（陈晓红、周宏浩，2018），相比传统的文献定性分析更为客观。因此，本书尝试借助 CiteSpace 可视化文献分析工具对 2017～2019 年中国高质量发展研究成果进行梳理分析，借助其作者合作分析、机构合作分析及关键词共现等可视化功能绘制高质量发展研究的知识图谱，识别中国高质量发展研究的核心作者、主要研究机构和研究热点，以把握当前中国高质量发展研究的研究现状。

为确保数据的全面性和权威性，更好地反映中国高质量发展研究的发展脉络和研究热点，本研究以文献数量最多、覆盖最全的 CNKI 中国学术期刊（网络版）中的 CSSCI 期刊数据库作为数据源。借助高级检索功能，以

"关键词＝高质量发展"进行精确检索，时间设置为 2017～2019 年，共得到 919 条检索结果。对检索结果进行去重、整理，手动剔除会议、访谈、征稿通知、成果介绍（包括个人、课题组或科研机构）及与研究主题无关条目，最后共得到有效数据 465 条，数据截止时间为 2019 年 12 月 31 日。检索时间为 2020 年 1 月 7 日，所有文献均以 refworks 格式导出保存。

2.3.1.1 发展态势分析

自党的十九大明确提出"我国经济已由高速增长阶段转向高质量发展阶段"这一重要论断，中国高质量发展研究便迅速得到了学术界的大量关注，相关文献如雨后春笋般出现在各大学术期刊。图 2－1 显示，2017 年便开始有学者在 CSSCI 期刊上发表高质量发展领域内的文献，但数量较少，只有一篇。2018 年开始呈现蓬勃发展之势，发文量激增至 165 篇，发展迅猛。截至 2019 年 12 月 31 日，我国学者在 CSSCI 期刊上发表的相关文献已累计达 465 篇，2019 年发文量再创新高，高达 300 篇，占研究期内总论文数的64.5%，是 2018 年总发文数的近两倍。可见我国高质量发展研究虽尚处于起步阶段，但发展态势强劲，国内学者对高质量发展研究的关注度持续升温。

2.3.1.2 发文作者分析

文献作者是科学研究的主体，能够识别出一个研究领域的核心作者群及其合作关系（胡泽文等，2013）。本书将 465 篇样本文献数据导入到 CiteSpace V（5.5. R2.64－bit 版）软件中，启用 CNKI 数据分析板块，对样本文献发文作者进行可视化分析。数据库时间跨度设置为 2017～2019 年，时间切片设置为 1，选择作者（author）为网络节点类型，设定阈值为"Top N＝50"，其他选项使用系统默认值，生成的发文作者合作网络图谱如图 2－2 所示。图中节点的大小表示研究者的发文数量，节点间的连线表示研究者

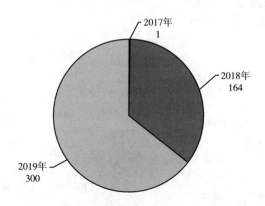

2017年
1

2018年
164

2019年
300

图 2 - 1 中国高质量发展研究相关文献时间分布

之间存在合作关系，且连线越粗合作关系越紧密。由图 2 - 2 可知，共形成
56 个节点，20 条连线，密度为 0.013。中国高质量发展研究虽处于起步阶
段，但已引起学者们的广泛关注。从发文数量上看，研究阶段，任保平发
文数量最多，总计 24 篇，远高于其他研究者发文量，是我国高质量发展研
究的领军人物。其次为师博，节点比较明显，共发文 6 篇。根据普莱斯定
律（普赖斯，1982；史文强等，2019），某一研究领域的核心作者应至少
发表论文 M 篇，$M = 0.749 \sqrt{N_{\max}}$（$N_{\max}$ 为该领域最高产作者的发文数
量）。因此按上述分析可计算得 $M = 3.7$，即在高质量发展研究领域发文数
不少于 4 篇的作者即为该领域的核心作者。研究期内统计结果显示，我国
高质量发展研究领域的核心作者共有 8 人，总计发表论文 48 篇，占样本
文献总量的 10.32%，远低于普莱斯定律 50% 的要求，这表明现阶段高质
量发展领域尚未形成稳定的核心研究者群体。从合作网络上看，中国高质
量发展研究呈现出"整体分散、局部集中"的特点。尽管已初步形成分
别以任保平和袁富华为中心的两个研究团队，但队内合作并不紧密。其他
学者则多以独立研究为主，进行合作研究的作者占比相对较小。合作方式
以两两合作为主，主要研究者间的联系并不紧密，学者间的沟通、交流有
待加强。

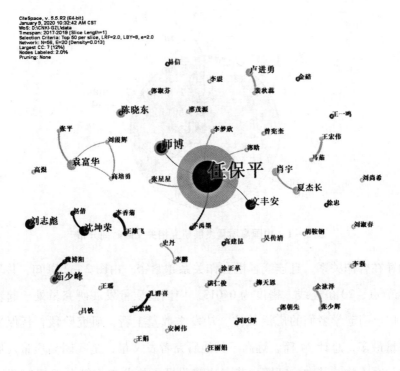

图 2-2　高质量发展研究发文作者合作网络

2.3.1.3　发文机构分析

运用 CiteSpace V 软件对样本文献的发文机构进行分析，生成的发文机构合作网络图谱如图 2-3 所示。

在研究期内，根据统计结果合并所有二级机构（见表 2-3），发现共有 13 个研究机构发文量在 5 篇及以上。其中中国社会科学院和西北大学发文最多，并列第一，数量高达 47 篇。南京大学紧随其后，发表相关学术论文 20 篇，以上三个研究机构的发文量约占样本文献总数的四分之一，是我国高质量发展研究的中坚力量。其次为中南财经政法大学，共发文 8 篇。发文数量达 5 篇以上的机构发文数量占所有研究机构发文量的 38.3%，表明该领域研究机构较为集中，不同机构间的科研能力差异较大。

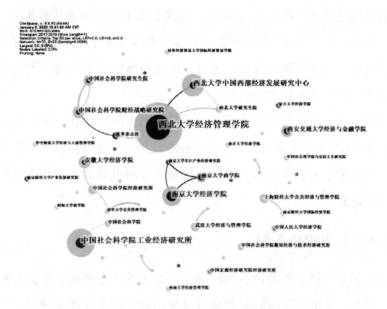

图 2 - 3　发文机构合作网络图谱

表 2 - 3 中国高质量发展研究发文 5 篇及以上机构

序号	发文量（篇）	研究机构
1	47	中国社会科学院
2	47	西北大学
3	20	南京大学
4	8	中南财经政法大学
5	7	西安交通大学
6	7	武汉大学
7	7	上海财经大学
8	7	安徽大学
9	6	中国人民大学
10	6	南京财经大学
11	6	中国宏观经济研究所
12	5	清华大学
13	5	复旦大学

合作网络方面，由图 2-3 可见，体现合作关系的节点共有 8 组，其中最多一组存在 6 个节点。机构间的合作多为两两合作方式，仅形成了两个三角合作网络，且合作强度较弱。同时，从机构所在地区上看，大部分属于省内合作，跨区域学术交流较少。

总体而言，在高质量发展研究领域研究机构间已存在一定合作，且合作交流在 2018 年后明显增多。但从合作强度看，联系较弱，并未形成较为广泛、紧密的学术合作网络，机构间跨省合作研究较少，科研跨区域合作交流尚需加强。

2.3.1.4　研究热点分析

关键词是一篇文章的核心和精髓，是对文章内容和观点的高度概括和凝练。若某一关键词在所研究领域内反复出现，则表征该关键词所代表的主题是该研究领域的研究热点（刘岩等，2011）。对高质量发展领域内的相关文献进行关键词共现分析，可以直观地反映中国高质量发展领域的研究热点。本书以关键词（Keyword）为网络节点，对研究期内的样本文献关键词进行分析。同时，为简化网络并突出其重要的结构特征，本研究选择 Pruning 中的寻径算法（pathfinder）对数据进行分析和处理，生成的关键词共现图谱如图 2-4 所示。

图谱中每一个十字形节点代表一个关键词，节点大小表示关键词频次出现高低，节点越大，表明关键词出现频率越高；连线表示两个节点间存在共现关系，其粗细则表示共现强度，连线越粗，表明共现程度越强。结果显示，共形成关键词节点 139 个，连线 303 条，密度为 0.0316，可见，虽然发展时间不长，但学术界对中国高质量发展的研究已初具规模。除高质量发展本身外，图中经济高质量发展、新时代、现代化经济体系、全要素生产率、供给侧改革等关键词的节点较大，表征着我国高质量发展领域的研究热点。根据统计结果，发现共有 11 个关键词的出现频次大于 10 次，见表 2-4，其中又有 8 个关键词中介中心性大于 0.1，按其大小排列，依次为

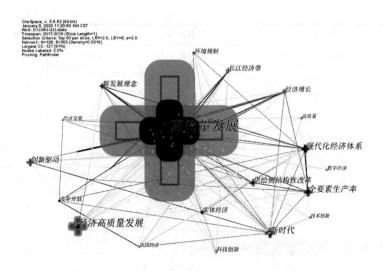

图2-4 中国高质量发展研究关键词共现图谱

高质量发展、经济高质量发展、新时代、全要素生产率、供给侧结构性改革、创新驱动、经济增长和长江经济带。中介中心性是测度节点在网络中重要性的关键指标，一般而言，中心性大于0.1的节点在网络结构中处于核心的位置，在知识结构演变中扮演着重要的角色（谢卫红等，2018）。此外，高中心性的节点在CiteSpace中也常被称为转折点，起到联结不同领域的桥梁作用。由表2-4可知，除去主题关键词（高质量发展）和背景限定词（新时代），经济高质量发展、全要素生产率、供给侧结构性改革、创新驱动、经济增长和长江经济带是当下高质量发展领域研究的核心内容，在该领域内占据着基础性地位，是联结其他研究主题的关键枢纽。

表2-4　　　　　　　　　　频次大于10的关键词信息

关键词	频次	中介中心性	关键性节点
高质量发展	335	0.52	√
经济高质量发展	46	0.48	√
新时代	27	0.21	√
现代化经济体系	26	0.07	-
全要素生产率	24	0.22	√

关键词	频次	中介中心性	关键性节点
供给侧结构性改革	18	0.10	√
创新驱动	17	0.29	√
新发展理念	16	0.04	-
经济增长	14	0.14	√
长江经济带	14	0.11	√
实体经济	13	0.04	-

注:"√"表示所属关键词为关键性节点,即为目前高质量发展领域研究的核心内容;"-"表示所属关键词为非关键性节点。

2.3.2 高质量发展内涵研究

1. 国外相关研究

推动高质量发展,是党中央根据中国国情,站在新的历史方位上提出的支撑我国现代化建设的重大战略。高质量发展应"新时代"而生,可以说是中国特有的概念。虽然国外并未有"高质量发展"这一说法,但其在经济发展质量方面具有大量研究成果,且随着研究的深入其内涵不断拓展,不再仅局限于经济,涉及社会、环境等多维度,对我国高质量发展研究具有重要的借鉴意义。

自亚当·斯密(Adam Smith)首次提出可将国民财富的增长等同于经济发展后,受此影响,国外大部分学者将经济发展等同于经济增长,在进行相关研究时对经济增长质量与经济发展质量也未有明显区分。苏联经济学家卡马耶夫最先提出"经济增长质量"这一概念,他认为经济发展中仅追求量的增长是不可持续的,应"量质"结合分析经济增长,并将产品质量、消费效率、生产资料效率等内容纳入经济增长质量研究范围(卡马耶夫,1983)。萨巴蒂尼(Sabatini,2008)则从人类发展、环境保护、社会公平三大维度切入研究,认为性别平等、环境质量、社会保障情况等因素也应列入经济发展质量考察范围内。大卫(David,2009)、史蒂芬(Stefan,

2012）指出经济发展质量应是一个综合性概念，除了经济数量上的增长，还应考虑经济发展的可持续性、人民生活幸福指数和社会的和谐程度（David，2009；Stefan，2012）。阿比吉特（Abhijit，2014）在分析经济增长质量时尝试加入人才发展、社会风气等方面的因素。对发展中国家而言，姆拉奇拉等（Mlachila et al.，2014）认为高质量的经济增长应当是社会友好型的增长，是可持续的增长。以撒哈拉以南非洲为研究区域，马丁内斯等（Martinez et al.，2013）也提出了类似结论，认为高质量的增长是强有力的、稳定的、可持续的增长，是可以提高人民生活质量、促进社会美好发展的增长。

2. 国内相关研究

准确把握高质量发展的内涵要义是开展高质量发展评价、实现路径等系列研究的前提和基础。目前，国内学术界关于"高质量发展"内涵的界定尚未达成共识。从经济高质量发展角度出发，高质量发展意味着高质量的供给、需求、配置、投入产出、收入分配和经济循环（李伟，2018），是能够更好满足人民不断增长的真实需要的经济发展方式、结构和动力状态（金碚，2018），是一种能以高效率高效益的生产方式为社会持续、公平地提供高质量产品和服务，数量扩张和质量提高相统一（莫龙炯、景维民，2020）的新型发展模式。以社会主要矛盾和新发展理念为视角，高质量发展是以满足人民日益增长的美好生活需要为目标、体现新发展理念的发展（刘志彪，2018），是创新为第一动力、协调为内生特点、绿色为普遍形态、开放为必由之路、共享为根本目的的发展（任保平、文丰安，2018），能更好推动人与社会的全面进步，解决经济、社会等诸多领域存在的发展不平衡不充分问题（赵昌文等，2015）。从马克思主义政治经济学的视角解析，高质量发展是生产力的提高与生产关系调整的统一，是物质资料生产方式顺应时代潮流的伟大转变（周文、李思思，2019）。治理现代化视角下，高质量发展应是实现需求与供给相协调、产能高回报大、收入分配科学合理、市场经济运行有序、包含新发展理念的发展（李碧莹、傅畅梅，2020）。尽管学者们研究视角、侧重点有所不同，但都基本抓住了高质量发展更高质量、更有效率、更加公平、更可持续这四个要义，总体上完整地阐释了高质量发展的内涵，认为高质量发展是一个相对立体、多维的概念，具有系统性、动态性和长期性特征。

综上所述，新时代高质量发展是中国经济发展质量的高级状态，它在保证经济增速不偏离潜在增长水平的基础上，以满足人民日益增长的美好生活需要为根本目的，通过推动质量、效率、动力三大变革，解决发展中突出的不充分不平衡问题，最终实现发展动力的创新性、高效性，发展过程的协调性、稳定性以及发展结果的共享性、绿色性。

2.3.3　高质量发展测度评价研究

1. 国外相关研究

在经济发展质量的测度评价研究方面，联合国统计局（1994）从社会经济活动、大气质量、生态可持续等几个方面构建指标体系，世界银行（1995）则从自然资源、人力资本、社会资本以及人造资本四大层面构建评价指标体系衡量经济社会发展状况（World Bank，1995）。联合国发展计划署（2002）从预期寿命、教育水平及生活质量三方面评价经济发展水平，以人为本，把人的发展作为评估经济发展质量的首要标准（United Nations Development Programme，2002）。托马斯（Thomas，2001）基于可支配收入增长、环境治理及社会发展状况等衡量各国经济增长质量并进行比较分析，弗罗洛夫等（Frolov et al.，2015）结合人均发展指数和年均生产率增长率综合评价区域经济增长质量。加里·杰弗逊（Gary Jefferson，2003）在进行经济增长质量实证研究时采用全要素生产率的方法直接测算经济增长质量，亚历山大（Alexander，2011）基于人类发展指数，借助 DEA 模型测算 1993 ~2007 年哥伦比亚的经济增长质量并进行排序分析。巴罗（Barro，2002）则运用因子分析法从经济规模和社会效益两大维度评价经济发展，研究认为，经济发展与社会、政治、宗教等均密切相关，收入分配不平等、环境质量、法律的完善程度及社会秩序等均会影响经济发展。此外，虽然国外没有专门研究高质量发展评价指标体系的成果，但基于人类社会经济发展的规律和必然趋势，各国之间仍具有很多相同的发展理念，以此为基础的一些发达国家的同类评价指标体系可为我国建立完善的高质量发展评价指标体系提供一定的启示。如德国的发展理念围绕贫富差距、消费支出、福利增加、福利降低、环境损害、国家实力六大层面构建的国家福利测度指标体系（Held et al.，2018）。国外的这类评价指标体系均涵盖经济、社会、环境等多个维度，更关注经济社会发展的可持续性，强调人民福祉的提升和生态环境的保护，与我国高质量发展目标相符，对我国构建高质量发展评价指标体系具有极大的借鉴价值。

2. 国内相关研究

（1）高质量发展评价指标体系。

明确高质量发展的标准是推进高质量发展的基础，是提升区域高质量发展水平的关键所在。要想加快我国经济由高速增长向高质量发展转变，实现我国经济、社会、政治、文化、生态等方面的全面提升，当务之急是构建高质量发展的评判体系。中国高质量发展评判体系应包含高质量发展的指标体系、政策体系、标准体系、统计体系、绩效评价体系及政绩考核体系（任保平、李禹墨，2018）。从研究期内现有相关文献看，国内学者主要聚焦于高质量发展指标体系的建立。李金昌等（2019）从社会主要矛盾的"人民美好生活需要"和"不平衡不充分发展"两个方面入手，构建了由经济活力、创新效率、绿色发展、人民生活、社会和谐 5 个部分共 27 项指标构成的高质量发展评价指标体系。魏敏、李书昊（2018）则基于经济高质量发展的丰富内容，从经济结构优化、创新驱动发展、资源配置高效、市场机制完善、经济增长稳定、区域协调共享、产品服务优质、基础设施完善、生态文明建设和经济成果惠民 10 大层面构建高质量发展指标体系。李梦欣（2019）、方大春（2019）、史丹（2019）、孙豪（2020）等基于新发展理念视角从创新、协调、绿色、开放、共享五个基本维度切入研究，而胡晨沛和吕政（2020）则在此基础上，进一步结合经济实力构建国别可比的高质量发展指标体系，测度比较全球 35 个主要国家的经济高质量发展水平。贾洪文、赵明明（2020）认为高质量发展应包括经济、民生、环境以及教育科技等多层次的全面提升，以此为基础从经济发展、人民民生、生活环境、生态环境、教育科技五个层面构建高质量发展评价指标体系。苏永伟和陈池波（2019）结合高质量发展的理论内涵和最终目标，从质量效益提升、结构优化、动能转换、绿色低碳、风险防控和民生改善六个方面综合评价我国 31 个省级行政区的高质量发展水平。徐辉等（2020）则尝试从经济社会发展、生态安全两大方面切入，建立包含经济发展、创新驱动、民生改善、环境状况及生态状况 5 个维度总计 29 个指标的评价指标体系，以衡量 2008～2017 年黄河流域高质量发展水平。由于高质量发展的内涵尚存在多面解读，学者们对指标体系的构建也见仁见智。虽然目前还未制定出一套得到社会普遍认可的评价指标体系，但学者们在一定程度上达成共识，认为科学的高质量发展评价指标体系应以"人"为本，摒弃"唯GDP 论英雄"的陈旧观念，淡化经济增长指标，关注长远发展目标，注重发展的质量、结构和效益，从多角度、多层面反映高质量发展水平。

（2）高质量发展水平的测度方法。

随着高质量发展评价指标体系的不断完善，越来越多的学者开始关注其相关测度评价问题。李梦欣和任保平（2019）以 AHP 初步识别和 BP 神经网络模拟优化的集成方法综合评价 2000～2017 年中国高质量发展水平，结果显示研究期内我国高质量发展水平总体呈稳定增长态势。鲁邦克等（2019）运用组合加权主成分法对我国省域高质量发展水平进行评价，发现我国经济高质量发展具有空间集聚效应。马茹等（2019）采用线性加权法测算 2016 年我国 30 个省域的经济高质量发展总指数，研究结果表明，我国经济高质量发展总体呈现出东部、中部及东北部、西部依次递减态势。欧进锋等（2020）借助熵权 TOPSIS 法测度了广东省 21 个地级市的经济高质量发展水平，研究发现广东经济高质量发展呈现出"珠三角普遍较高，粤东西北落后""沿海经济带较高，山区城市较低"的空间格局，且创新、绿色、共享发展对广东省高质量发展的贡献率不高，提出广东省要全面推进高质量发展需补齐生态发展和社会发展短板。张震和刘梦雪（2019）结合主客观赋权法和聚类分析法探讨分析我国 15 个副省级城市的经济高质量发展水平，研究结果显示，我国副省级城市间经济高质量发展存在较大差距，位于东部沿海地区的副省级城市高质量发展水平远优于西部内陆地区，副省级城市整体高质量发展水平有待进一步提升。张博雅（2019）则运用全局主成分分析法和聚类分析综合评价长江经济带高质量发展水平，研究发现我国长江经济带高质量发展存在明显的区域不平衡，区域内大部分省市处于中等发展水平，在国家政策大力支持下区域各省市高质量发展大有可为。孟祥兰和邢茂源（2019）在使用加权因子分析法衡量湖北省 16 个地级市高质量发展水平的基础上，进一步借助系统聚类法研究分析湖北省高质量发展现状，结果显示，在供给侧改革推动下湖北省高质量发展已初见成效，但仍存在区域、领域发展不平衡不充分问题，且 16 个地级市中武汉一家独大，其次为襄阳、宜昌，湖北高质量发展呈现出一主两副格局。刘瑞和郭涛（2020）尝试运用改造后的主成分分析法评价东北地区高质量发展水平，研究发现，东北经济正处于高质量发展过程中，其中开放发展不足是当下吉林、辽宁、黑龙江三省高质量发展存在的共同问题，认为未来要全方位振兴东北经济需重点扩大开放发展。张煜晖和王钺（2020）利用熵值法评估 2000～2016 年中国 258 个地级市的经济高质量发展水平，并在此基础上借助动态面板广义矩方法进一步探究雾霾污染对经济高质量发展的影响，结果显示，全国、东部以及中部地区的雾霾污染对经济的高质量发展存在显著的负向影响，而西部地区则不明显。

通过梳理现有相关文献，高质量发展测度方法大致可分为单一测度方法和组合测度方法两类。单一测度方法包括熵权 TOPSIS 法、因子分析法、线性加权法、熵值法等，组合评价法主要有"组合加权主成分法""层次分析法＋BP 神经网络模拟""主成分分析法＋聚类分析法"等。本书整理列举了上述部分学者在进行高质量发展相关评价研究时选用的指标体系构建维度和测度方法，如表 2 - 5 所示。

表 2 - 5　　　　　　　　　　　　高质量发展水平测度方法

学者	评价指标体系构建维度	评价方法
李梦欣等	创新发展、协调发展、绿色发展、开放发展、共享发展	层次分析法 + BP 神经网络模拟
鲁邦克等	经济增长高质量、创新驱动高质量、生态文明高质量、人民生活高质量	组合加权主成分法
马茹等	高质量供给、高质量需求、发展效率、经济运行、对外开放	线性加权法
欧进锋等	创新、协调、绿色、开放、共享	熵权 TOPSIS 法
张震等	经济发展动力、新型产业结构、交通信息基础设施、经济发展开放性、经济发展协调性、绿色发展、经济发展共享性	主客观赋权法 + 聚类分析法
张博雅	经济发展、社会进步、开放创新、生态友好、人民生活	主成分分析法 + 聚类分析法

2.3.4　高质量发展影响因素研究

1. 国外相关研究

明确影响经济发展的主要因素是提升经济发展质量的关键，为此国外学者做了颇多探讨和研究。罗默（Romer，1990）的研究认为，经济增长依靠内生因素驱动，人力资本是保持经济持续增长的关键，人力资本影响知识积累，进而影响经济增长，但其仅是影响经济增长的重要因素之一。而卢卡斯（Lucas，1988）则更强调科技进步，认为人力资本的进步等同于技术进步，是促进经济发展的最核心因素。库兹涅茨（1998）认为，经济增长主要源于知识存量的增加、经济结构的变化和劳动生产率的提高，而技术进步则是实现经济增长的必要条件。艾琴科等（Ilchenko et al.，2017）

提出资本投资水平、基础设施及人民生活条件等均会影响经济发展进程。奥（Au，2006）等认为雾霾污染也会影响经济发展，雾霾污染会大幅降低城市的吸引力，进而对城市集聚效应的发挥造成阻碍，最终导致区域经济发展变缓。穆罕默德等（Mohamed et al.，2017）试图分析中东、北非地区（MENA）国家外商直接投资（FDI）流入、资本存量、环境质量与经济增长之间的关系，结果显示 FDI 流入和资本存量的增加对 MENA 国家的经济增长具有促进作用，但与此同时经济的增长也加剧了环境质量恶化。塔维斯齐等（Tavasszy et al.，2010）基于全球视角探究物流、贸易和区域发展间的关系，研究发现物流会影响对外贸易进而影响经济增长，从而提出促进经济增长需要高效稳定的物流支撑。周等（Zhou et al.，2015）研究发现金融集聚对区域经济增长具有促进作用。艾波吉斯等（Apergis et al.，2007）利用 1975～2000 年 65 个国家的金融、股票市场相关数据探究金融与经济发展的关系，研究结果表明金融发展和经济发展之间存在正相关关系。格默尔等（Gemmel et al.，2016）尝试分析财政支出对经济增长的影响，研究发现提高基础设施支出比重有助于经济增长，而福利支出占比的提高则会导致经济增速放缓。瓦恩等（Van et al.，2019）研究发现公共投资对企业生产力的提升起积极作用，地方政府的公共消费支出对经济增长存在一定的促进效应。此外，国外学者们认为储蓄基础（Kim，2017）、机会分配、风险管理水平（Thomas et al.，2001）、生育率、犯罪率（Popkova，2010）、资源禀赋和就业政策（Rofikoh，2017）等也都将对经济发展产生影响。

2. 国内相关研究

提升高质量发展水平，实现高质量发展，是国内学者进行中国高质量发展相关研究的最终目的。探讨高质量发展的影响因素，有助于加快推动中国由高速发展向高质量发展转变。刘志彪和凌永辉（2020）基于全球 150 个国家的增长数据，检验经济结构转换能推动高质量发展这一假说，研究结果表明，虽然高结构转换率对经济增长存在一定的抑制作用，但有助于全要素生产率的提升，且对中等收入国家的影响最为强烈，通过加快经济结构转换可以促进我国高质量发展。陈冲和吴炜聪（2019）尝试探究消费结构升级对经济发展的具体影响，研究发现，虽然消费结构的升级对稳定经济系统、促进经济福利共享效果不明显，但对经济动力机制的转变、经济结构的优化和绿色发展具有显著的驱动作用，整体而言，消费结构升级对中国高质量发展起到积极推动作用。吴传清（2019）、熊升银（2020）等通过实证研究发现科技创新能显著促进高质量发展。杨仁发和李娜娜（2019）则围绕产业展开研究，尝试借助2003～2016年的长江经济带省级面板数据分析产业集聚对高质量发展的影响。研究表明产业集聚对高质量发展存在差异化影响，制造业集聚对长江经济带高质量发展存在显著的促进作用，而服务业集聚尤其是公共性服务业集聚则会抑制其高质量发展。人类的生存和发展离不开环境，经济社会发展与环境密切相关。学者们研究发现加强环境规制能加快推进高质量发展，且党的十八大以来环境规制对经济质量的提升效应愈发显著（上官绪明、葛斌华，2020）。葛林（2020）利用实证研究发现，环境规制政策强度能通过促进产业结构的优化调整和增加高污染企业的创新投入，推动我国经济由高速发展转向高质量发展。吴士炜和余文涛（2018）借助空间杜宾模型研究分析环境税费和政府补贴对我国经济高质量发展的影响，结果显示实施严格环境税费的同时增加政府补贴，有助于推动高质量发展。此外，政府行为也会对高质量发展产生影响。闫雨等（2019）基于1999～2016年省级面板数据，研究发现省域视角下地方政府干预会显著抑制全要素生产率的提升，提出地方政府推动高质量发展需进一步简政放权。杨志安和邱国庆（2019）运用系统 GMM 估计法分析财政分权对我国经济高质量发展的作用，结果显示财政分权对经济高质量发展具有显著的抑制作用，两者存在"先促进、后抑制"的倒 U 形关系。张瑞等（2020）则进一步将财政分权细分为财政支出分权和财政收入分权展开相关研究，发现财政支出分权对高质量发展存在明显的促进效应，而财政收入分权则对黄河流域高质量发展起到抑制作用。

2.4　区域经济"韧性"与高质量发展作用关系

2.4.1　区域经济"韧性"对高质量发展的作用

区域经济"韧性"目标是为了应对外界冲击,维持区域经济可持续发展,在应对经济冲击的前、中、后期分别表现出抵抗力、恢复力和进化力三种"韧性"特征(曾冰,2020)。抵抗力强的地区在面对全球经济波动、自然灾害或市场变化等不确定性因素时,能够快速作出反应,减少冲击对经济的负面影响,为高质量发展提供了重要的保障;恢复力强的地区即使经济遭受了严重的冲击,也能够迅速调整自身结构,恢复到正常的经济状态,为高质量发展提供了源源不断的动力;进化力强的地区能够根据市场需求和环境变化,及时调整产业结构、提高技术水平、引入创新和转型升级,更好地适应新的经济发展模式和市场需求,为高质量发展提供了创新驱动。

2.4.2　高质量发展对区域经济"韧性"的反作用

高质量发展是新发展理念的归宿和目的,新发展理念是高质量发展的路径和轨迹,两者之间具有协同性(李梦欣、任保平,2019)。创新发展不断寻求新的增长点、优化产业结构,使地区能够在市场竞争中保持优势,在面对外部冲击和变化时快速适应;协调发展通过统筹协调各要素资源配置和推进区域协同发展,能够减少经济系统的不平衡和不稳定因素;绿色发展能够降低环境风险和压力,并减少经济发展被环境因素限制的可能性,增强经济系统在面对环境变化和自然灾害时的抵抗力;开放发展倡导经济的开放和国际合作,通过国际贸易、吸引外资、开展技术合作等方式能够带来更多应对冲击的机遇；共享发展通过先富带动后富，实现共同富裕，提高人民群众对经济发展的认可和支持，从而增强社会的稳定性。可见，基于五大理念的高质量发展模式本质上可以增强区域经济发展的"韧性"。

综上所述，现有研究对高质量发展与区域经济"韧性"内涵的理解仍然存在差异，但两者的理念内核具有高度的契合性。一方面，提升区域经济"韧性"为区域发展与治理提供了新方向和新思路，强调提升区域自我组织、功能协调、快速适应的能力，重视外界因素和内部结构变化时区域本身的可塑性以及平衡经济社会、环境发展的包容性和可持续性（Ahern，2011），体现了高质量发展的内在本质。另一方面，长期以来我国在面对国际金融危机、贸易摩擦等一系列内外部冲击时所表现出的快速调整适应与恢复反弹能力，都表明"韧性"不仅已然成为区域平稳健康发展必不可少的关键特质，更是中国高质量发展、可持续发展的重要体现（张慧、易金彪，2023）。可以认为，实现高质量发展是提升区域经济"韧性"的目标，"韧性"提升则是实现高质量发展的必要条件（周园，2021）。

2.5 研究述评

2.5.1 经济发展"韧性"层面

新时代下经济发展质量的稳定显得尤为重要，而复杂多变的环境对我国经济发展质量是一次考验也是一次机会，因此，关于经济发展质量的"韧性"值得深入研究。对经济"韧性"研究的文献梳理发现，现阶段所研究的经济"韧性"多数是对于经济增长"韧性"的。但是经济发展不能仅从经济增长上体现，更应该体现在经济增长发展方式上。恰好经济发展质量是经济增长和增长方式的综合体现，故考虑到现在经济形势的复杂性，对于经济发展质量"韧性"的研究值得深入推广。

通过对文献的梳理和总结，笔者发现鲜有文献将经济发展质量与风险性、波动性相联系，现有的研究缺乏对经济质量的稳定性以及抗风险性的分析与评价。经济高质量发展固然重要，保持经济高质量发展也同样重要，如果高质量发展缺乏"韧性"，难以应对外部经济冲击的影响，谈何高质量？本书认为，高质量发展应具有长久性、可持续性以及抗风险能力等特点。故本书从"韧性"的角度来研究高质量发展，诠释"韧性"视角下的区域经济发展质量评价。

2.5.2 高质量发展层面

研究期内，从已有国内外文献可知，学者围绕高质量发展进行了颇多探索，成果可喜，这些都为后续相关的研究奠定了坚实的基础。但从研究内容看，学者们对高质量发展的探索多停留于高质量发展的内涵阐释（金碚，2018；周文，2019；任保平，2018；田秋生，2018；公丕明，2023）、指标体系构建（任保平、李禹墨，2018；李金昌等，2019；殷醒民，2018；鲁继通，2018；史丽娜、唐根年，2021）、实现路径（郭春丽等，2018；安淑新，2018；刘友、金周健，2018；戴翔，2019；丁守海、徐政，2021；张旭，2022；熊巍、潘传快，2023）等方面的理论分析，实证研究相对欠缺。对于学术研究而言，理论与实证相辅相成，缺一不可。因此在进一步加强理论研究的同时，更要侧重于该领域的实证分析，注重保持理论和实证之间的平衡。值得一提的是，随着学者们对高质量发展指标体系的不断深入探讨，从2019年开始，高质量发展定量评价方面的研究成果明显增多，且已有不少学者开始在此基础上进一步探究分析我国高质量发展的特征、地区性差异和空间格局等问题（陈晓雪、时大红，2019；师博、张冰瑶，2019；汪侠、徐晓红，2020；屈小娥等，2022），但大多未继续对其形成机理、影响机制等进行深入剖析，且关于高质量发展影响因素的探讨相对较少，尚未形成完整的研究体系。同时，现阶段学者们仍主要聚焦于经济领域的高质量发展。然而，高质量发展不仅是经济，今后应尝试从多维视角、更全面地研究分析高质量发展，毕竟推动高质量发展关乎经济、社会、政治、文化等各个领域。从研究范围看，现有研究成果大多基于省域层面，针对地级市、县域层面的高质量发展研究相对较少。相较于省份，市和县更能揭示发展过程中存在的问题，应加强高质量发展在"小视角"层面的研究。这些都是本书研究的努力方向。

第 3 章　高质量发展现状分析

自改革开放以来，中国经济增长取得了举世瞩目的成绩。国内生产总值快速提升固然令人欣喜，但是我们也应看到中国经济发展所面临的众多问题，例如结构失衡、经济效率低、有效需求不足、产业创新不足等外延式和粗放式发展问题（刘燕妮等，2014；任保平、李禹墨，2018）。这种现状严重制约了我国经济高质量发展的进程（魏敏、李书昊，2018）。本章利用 2000～2020 年期间区域发展数据，以第 2 章的理论分析为基础，对我国经济高质量发展的现状进行整体分析。

3.1　高质量发展之"质"的现状分析

经过几十年的快速发展，中国经济发展面貌发生了巨大变化。随着我国经济发展的不断进步和提升，产业结构也在发生着变化，第三产业所占的比重在不断上升，第一、第二产业比重在不断下降，可见产业中心在不断向着第三产业转移，这是我国经济发展取得的显著成绩。

从图 3-1 可知，整体看，我国现阶段主要以第二、第三产业发展为主，第一产业所占的比重较小。我国从 2000 年开始第一产业总产值占 GDP 的比例不断下降，而第二、第三产业总产值占 GDP 的比例分别呈现波动下降和波动上升的态势。第三产业所占的比重逐渐上升，第一、第二产业所占的比重逐渐下降，这点比较符合我国近些年来的发展趋势，第三产业所占比例不断提升也是顺应全球产业发展的规律。从图3-1中可以看出，我国早期经济生产总值主要依赖第一、第二产业的发展，第一产业具有一定的比重，但是随着经济发展的提升、科技创新能力的提高、经济全球化进程的加快，第三产业的发展逐渐成为经济发展的主要推动力。特别是在2012年以后（穿越点），第三产业所占比重与第二产业所占比重的差距逐渐扩大，这也充分表明，我国经济发展的产业中心由第二产业已经逐步转向第三产业。

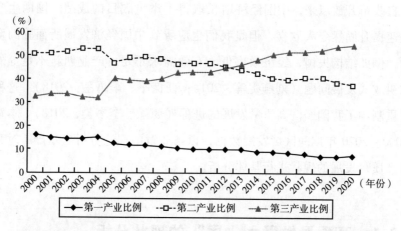

图3-1 2000~2020年三次产业增加值占国内生产总值比重发展趋势

资料来源：根据国家统计局各年度国民经济和社会发展统计公报整理。

当前，第三产业在三次产业中逐渐占据主导地位，但是新时代下我国经济发展所面临的问题是高新技术产业所占的比例不高以及科技进步对经济发展的贡献能力与发达国家存在一定的差距。如图3-2所示，这些年来，科技进步对经济增长的贡献率提升较快。2000~2008年，随着中国加入世界贸易组织和国有企业改革红利逐步显现，科技进步成为中国经济增长的主要源泉，其年均贡献率高达55.46%。之后受2008年全球金融危机和传统产能大量过剩的影响，科技进步年均贡献率较上一阶段有所下滑，尤其在金融危机后的2009年跌入谷底，科技进步贡献率仅为43.55%。2010年经济刺激计划的施行在一定程度上促进了经济恢复，2011 年科技进步贡献率回升至 50.65%，但仍未能从根本上解决中国经济增长中存在的问题。2012～2014 年，由于"去产能""去杠杆"的双重压力，科技进步贡献率一直在徘徊 45% 左右。2015 年后，供给侧改革开始发挥作用，科技进步贡献率触底反弹，2016 年突破 50%，达到 50.85%。党的十九大之后，我国经济由高速增长阶段转向高质量发展阶段，党中央提出加快实现高水平科技自立自强是推动高质量发展的必由之路，因此国家加大了对科研投入的力度。2020 年，科技进步贡献率达到 65.17%。尽管我国科技进步对 GDP 的贡献率不断提升，但目前多数发达国家的科技进步对经济的贡献率已达 70% 以上，而美国、德国则高达 80% 左右（王永昌、尹江燕，2019）。

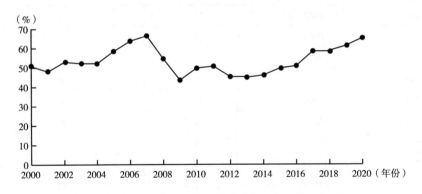

图 3 - 2　2000～2020 年全国层面科技进步对经济增长贡献率

资料来源：根据郑世林（2019）以及国家统计局各年度国民经济和社会发展统计公报整理。

在激烈的国际竞争中，我国要开辟发展新领域新赛道、塑造发展新动能新优势，从根本上说，还是要依靠科技创新，加快实施创新驱动发展战略。创新是引领发展的第一动力，在国家发展全局中处于重要的位置。研究期内，我国研究与试验发展（R&D）经费投入继续保持较快增长，国家财政科技支出稳步增加，R&D 投入强度持续提升，企业研发投入主体作用进一步巩固。如表 3 - 1 所示，研究初期，2001 年全社会研发经费投入为 960 亿元，占国内生产总值的 1.00%，而 2020 年的数据为 24426 亿元，占国内生产总值的 2.40%，已达中等发达国家水平。随着 R&D 经费投入力度不断加大，R&D 资本深化引致的科技进步已成为创新驱动发展战略的重要支撑。

表 3 - 1   2001 ~ 2020 年我国研究与试验发展经费支出

年份	经费支出总额（亿元）	同比增长（%）	与国内生产总值之比（%）
2001	960	7.1	1.00
2002	1161	11.3	1.10
2003	1520.1	18.1	1.30
2004	1843	19.7	1.35
2005	2367	20.4	1.30
2006	2943	20.1	1.41
2007	3664	22	1.49
2008	4570	23.2	1.52
2009	5433	17.7	1.62
2010	6980	20.3	1.75
2011	8610	21.9	1.83
2012	10240	17.9	1.97
2013	11906	15.6	2.09
2014	13312	12.4	2.09
2015	14220	9.2	2.10
2016	15500	9.4	2.08
2017	17500	11.6	2.12
2018	19657	11.6	2.18
2019	21737	10.5	2.19
2020	24426	10.3	2.40

注：《2000 年国民经济和社会发展统计公报》未公布研究与试验（R&D）经费。

资料来源：根据国家统计局各年度国民经济和社会发展统计公报整理。

由我国 2000 ~ 2020 年全要素生产率（TFP）对经济增长贡献率测算结果（见图 3 - 3）可知，正如徐小鹰（2018）所分析的，我国全要素生产率存在明显的波动性，这种波动性不利于高质量发展。具体来说，2000 ~ 2008 年 TFP 对中国经济增长的贡献率达到 45.77%；2007 年之后，TFP 增速大幅下滑，特别是 2009 年跌入谷底，其对经济增长的贡献率降至 31.22%。这也表明经济冲击对我国全要素生产率具有较大的影响。到了 2017 年，党的十九大报告明确指出要"推动经济发展质量变革、效率变革、动力变革，提高全要素生产率"。2017 年之后，我国 TFP 逐年提高，到 2020 年对经济增长的贡献率达到 49.28%。

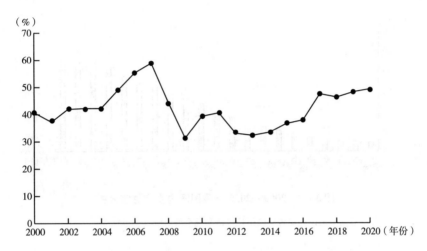

图 3 – 3　2000 ～ 2020 年全国层面全要素生产率（TFP）对经济增长贡献率

资料来源：根据郑世林（2019）以及国家统计局各年度国民经济和社会发展统计公报整理。

3.2　高质量发展之"量"的现状分析

从图 3 – 4 和图 3 – 5 可知，我国经济发展总量在不断提升，但是增长速度却呈现下降的趋势。尤其是 2008 年的增长率相对 2007 年来说，呈现断崖式的下跌，对国民经济稳定发展发出了危险的信号。在 2008 年金融危机后，我国 GDP 增长率开始呈现出较明显的下降。虽然 2008 年政府实施一些国民经济刺激措施后，GDP 增长率渐渐有微弱回升，但是下降趋势没有改变。从图 3 – 5 可知，2015 年的增长率已经达到 6.9%，过去所谓的中国式增长奇迹现在已经不复存在，而且未来下降的趋势愈加明显，我国所面临的经济下行压力逐渐加大。2008年全球性经济危机对我国经济增长的影响较大，从2008年前后的增长速度就能清晰地看出经济冲击的影响程度。从我国经济对于经济冲击的反映来看，我国经济发展缺乏稳定性、抗风险能力以及对于冲击的恢复能力。

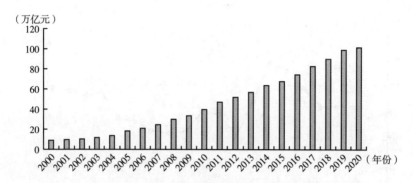

图3-4 2000~2020年我国国内生产总值分析

资料来源：根据国家统计局各年度国民经济和社会发展统计公报整理。

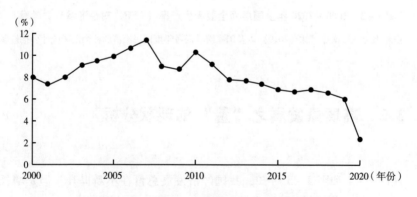

图3-5 2000~2020年我国国内生产总值增长率分析

资料来源：根据国家统计局各年度国民经济和社会发展统计公报整理。

居民消费能力不足成为当前制约我国经济结构优化以及经济发展质量提升的突出问题。有效的消费水平具有促进产业结构优化升级、促进供给侧结构性改革、促进产业效率提升等多方优势，进而带动我国经济发展质量的提升。

从图 3 - 6 可知，在 2000 年开始的我国新一轮经济周期的 8 年中，经济增长速度逐步攀升，我国居民消费水平增长率在 2000～2007 年震荡上升，居民的消费水平从侧面反映我国经济发展的实际状况，也是居民幸福度与获得感的体现。我国经济高质量发展的目的是改善国民对美好生活的需要，而美好生活的前提是居民应具有充分的消费能力，倘若居民没有有效的消费能力，也就失去了美好生活的意义。换句话说，经济高质量发展也是为了提升居民的消费能力，改善居民消费结构。我国经济高速发展，国民收入逐步提升，国民的消费能力也随即增长，证明了我国经济发展给国民带来的显著正向影响。同时，我们也应注意到，居民消费能力同样对经济发展具有正向的影响。相较于 2000～2007 年这一阶段，我国居民消费水平在 2008～2020 年呈现震荡下降的趋势，从整体上看我国居民消费水平发展趋势呈现一个倒 V 的形状，V 形的转折点在 2007 年。2008 年全球性金融危机对我国居民消费水平产生了较为严重的影响。由于 2010 年国家经济刺激计划的实施，2011 年全国居民消费水平增长率达到研究期间的顶点。2020 年，人均居民消费水平出现了下降，原因是 2020 年受到了新冠病毒暴发的影响，使得 2020 年全年的消费水平放缓。

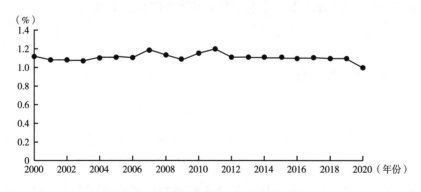

图 3 - 6　中国居民消费水平增长情况分析

资料来源：根据国家统计局各年度国民经济和社会发展统计公报整理。

经济冲击对居民消费水平的影响主要体现在我国居民的消费观念以及

国民收入上。我国居民对于储蓄与消费的选择，更加倾向于储蓄，居民的储蓄意愿要高于消费意愿。同时，金融危机的到来，无论是对商品市场还是劳动力市场均产生较为严重的影响，例如，2007 年下半年以来，由美国次贷危机引发的全球金融危机持续蔓延，世界各地均受到不同程度的影响，其对中国的影响最早在 2008 年 7 月份显现，遭受影响最严重的是在 2009 年。随着金融危机对中国的影响不断渗透，以致 2009 年全国规模以上工业企业就业人数出现了 −0.07% 的负增长（徐媛媛，王琛，2017）。第三产业的发展改变了我国的就业结构，国家统计局数据显示，我国第三产业就业人员占比从 2010 年的 34.6% 上升到 2019 年的 47.4%，已经成为吸纳就业的重要板块。但近年来，不断加大的经济下行压力使得服务业的就业吸纳作用受到限制。于凤霞（2020）的研究指出，受出口低迷、建筑业投资下滑等因素影响，服务业 PMI 从业人员指数也从 2018 年 8 月起呈现下滑趋势，2019 年 6 月为 47.9%。PMI 从业人员指数持续低于 50%，不仅反映了行业发展面临的压力，也反映了我国就业情况不容乐观。失业造成国民收入的下降，加之国民对于风险的厌恶，导致国民储蓄增长，消费能力出现明显下降。冲击下的储蓄意愿与冲击带来的国民收入减少的双重因素叠加，导致我国居民有效需求不足，不利于我国经济高质量的发展。

3.3　本章小结

蔡昉等（2018）认为，一个国家或者地区的经济发展持久性，不仅取决于一定时期的经济增长速度，更重要的在于经济发展的方式。为了保障经济发展的可持续性，每个国家将追求经济高质量的发展当作经济发展的重要目标（宋明顺、范馨怡，2019）。我国也不例外地将经济高质量发展摆在国家经济发展的重要位置。通过上述对我国经济发展现状的分析，笔者发现我国经济发展在产业结构、产业创新、经济规模、经济效率、居民消费水平等方面存在一定的不足和有待改善的地方，诸多发展中存在的问题是制约我国经济高质量发展的羁绊，只有明确经济发展中问题的所在，才能从根源解决问题。在发展中，我国经济在产业创新、经济规模、经济效率以及居民消费水平方面存在明显的波动性，同时缺乏对经济风险、经济冲击的抵抗性和稳定性。产业创新能力和经济发展效率是我国经济发展质量的内在表现，经济规模与国民消费水平是我国经济发展质量的外在表征，只有内、外因素发展稳定，才能有助于我国经济高质量发展。

发展的历程中如果不能有效应对外部环境所带来的冲击，不能保持稳定性和可持续性，那么高质量表现只是昙花一现。研究经济发展过程中存在的质量问题，是对我国经济发展质量"韧性"的一种审视，也是对我国经济发展质量"韧性"研究的要求。故本书通过对我国经济高质量发展的现状分析，发现我国经济发展质量缺乏稳定性和抗风险能力，即缺乏"韧性"，这也给了研究区域发展"质"与"量"的"韧性"一个契机，高质量只有在稳定的、合理的发展轨迹下运行，才能实现可持续发展的目标。

第4章 区域发展"质"与"量"的双"韧性"评价

本章以我国 272 个地级市为研究对象，实证分析区域发展的"质"及其"韧性"、"量"及其"韧性"，评价我国区域发展"质"与"量"及其"韧性"的整体情况以及个体之间的差异性。

4.1 理论模型与指标体系构建

4.1.1 "韧性"理论模型构建

经过 40 多年的改革开放，中国经济发展成为全球经济发展的一道靓丽的景观，在此期间我国经济发展取得了"世界第二大经济体""GDP 年均 9.6% 的增长速度"等举世瞩目的成绩。但是经济规模的快速增长方式主要停留在以资本和劳动投入为主、科技进步等要素驱动为辅的粗放式发展基础上，这种粗放式发展加剧了经济规模的风险可能性。粗放式发展导致各区域仅重视"数量"而忽视"质量"现象频发。虽然量的积累才能导致质的飞跃，但是这种"脆弱式积累"只会恶化发展，并不能为经济发展带来质的提升。这种"脆弱式积累"主要体现在产业结构失调、第三产业发展滞后、低生产率、高新技术不足等方面，导致我国高端产品低端化，不利于我国产业迈向全球价值链的中高端。为了给经济发展提"质"保"量",本书从规模"韧性"、结构"韧性"的角度出发,对区域经济发展质量进行评价。经济增长理论认为,经济增长最终表现为要素的持续投入,但由于要素具有稀缺性的特点,随着经济规模的不断扩大,经济增长来自要素的制约会越来越大,而在边际报酬递减的作用下,上述约束还具有自增强效应。增长对于要素的依赖性越强则意味着增长的可持续性越脆弱。故经济驱动力的转变可以有效地解决这一种循环模式,将要素驱动转变为技术驱动,提升创新发展在经济发展中的主导作用。福利经济学的假定认为,经济的过度波动意味着经济运行面临较大的系统性风险,在这种情况下必然会扭曲分配决策的效率,导致资源的误配。

本书从"韧性"的视角出发,对经济结构以及经济规模在受到冲击后的路径演化进行分析。经济冲击对于经济结构的冲击主要体现在经济波动对于产业结构以及政策导向等方面的影响,本书侧重分析经济波动对于产业结构的影响。经济波动对于经济规模的影响较为直观,从我国 GDP 的增长速度、就业人数就能清晰了解,2008 年我国 GDP 增长率明显下降,失业人数也较之前有所上升。

学界对产业结构与经济规模之间的关系研究较多。麦金农(MacKinnon, 2009)研究认为,产业结构的转变促进低生产率转向高生产率部门,这种流动提升了社会整体的生产率,由此带来的"结构红利"是促进经济增长的核心动力。干春晖(2011)等的研究发现,产业结构的合理化有助于抑制经济波动,对经济增长的贡献较高。同样,经济规模的提升也为产业结构的转变提供物质上的保障,诸如良好的基础设施、创新的激励、科研投入等对于产业结构升级具有显著的影响。而两者在受到冲击后的演化路径,对区域经济"量"与"质"的提升具有至关重要的作用。故本书以 4 种演化路径为理论研究的基础(见图 4-1),冲击点将经济规模和产业结构的演化路径分为冲击前路径和冲击后路径。这里的产业结构即为"质",经济规模即为"量","质"与"量"的有机结合才能为区域经济高质量提供强有力的保障。

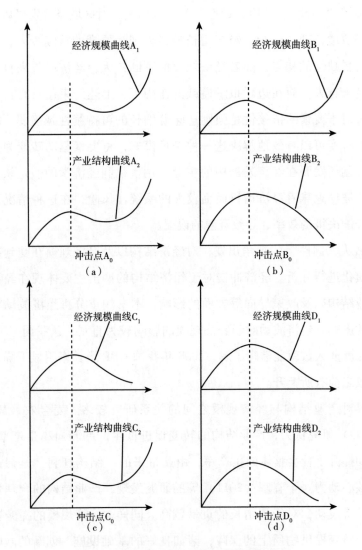

图 4 - 1　经济"质""量"演化路径分析

注：纵坐标表示规模在量上的变化程度，横坐标表示时间跨度。

图 4 - 1（a）具体表现为经济规模、产业结构在受到冲击后呈现向上的发展态势。两者在遭受到冲击后依然具有良好的表现，表明经济规模和产业结构具有"韧性"，在受到冲击后能恢复到原有的发展路径，这种发展趋

势有利于经济发展质量的提升。

图 4 – 1 (b) 具体表现为受到冲击后经济规模具有良好的表现, 而产业结构出现明显的衰退。也就是说, 经济规模具有良好的 "韧性", 相反, 产业结构不具备良好的 "韧性"。这种发展具有典型特点, 经济规模的不断提升主要建立在粗放式发展的基础上, 也就是前面提及的 "脆弱式积累", 这种发展在一定意义上属于 "为了发展而发展", 因此发展所带来的问题也愈发凸显。

图 4 – 1 (c) 具体表现为经济规模不具有 "韧性" 而产业结构具备 "韧性", 这种发展呈现出的产业结构与经济规模的分化与图 4 – 1 (b) 的情形具有本质上的区别。产业结构具有 "韧性" 在一定程度上表明经济发展的 "质" 在不断提升, 虽然规模在下降, 但是由于产业结构不断提升, "量" 上的积累只是时间的问题。

图 4 – 1 (d) 具体表现为经济规模、产业结构均不具有 "韧性", 导致经济规模与产业结构双双下降, 以致经济发展从此一蹶不振。故本书针对上述四种情形对我国区域经济发展做实证分析, 以此对四种不同情形因地制宜地提出合理化建议。

本书借鉴产品生命周期理论的思想, 将区域经济发展同样划分为四个阶段, 即学习阶段、增长阶段、成熟阶段以及复兴 (衰退) 阶段。前三个阶段为慢性燃烧阶段, 代表区域经济前期发展过程; 而后一阶段为受到冲击后的反应阶段, 该阶段表征经济体对于冲击的 "韧性"。

关于 "韧性" 的测度, 依据冲击路径理论 (见图 4 – 2), 本书从以下几点考虑: (1) 冲击对于路径的影响程度; (2) 对于冲击的复原能力; (3) 冲击前后发展趋势 (K_0、K_1) 及趋势差 (K 差值); (4) 冲击影响的时间跨度。其中 K 值是散点拟合斜率。鉴于以上几点, 本书做出如下解释分析, 从 K 值的角度来看, 一个城市在受到冲击前, 发展趋势可以分为两种情况, 即 $K_0 > 0$ 或者 $K_0 < 0$, 见式 (4 – 1) 和式 (4 – 2):

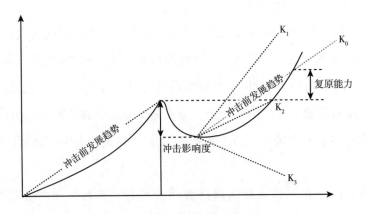

图 4-2 冲击路径理论分析

$$K_0 > 0 \text{ 时}, \begin{cases} K_1 < 0 \\ 0 < K_1 \leqslant K_0 \\ K_1 > K_0 \end{cases} \qquad (4-1)$$

$$K_0 < 0 \text{ 时}, \begin{cases} K_1 < K_0 \\ 0 > K_1 \geqslant K_0 \\ K_1 > 0 \end{cases} \qquad (4-2)$$

同时，本书考虑到城市受到冲击后的影响，这里从影响程度的纵向与横向考虑，纵向即为规模在量上的改变，横向即为从受到冲击到开始恢复的时间跨度。为了综合考虑这两点，以 2008 年为基点滞后二期取平均值的方法来解决影响程度横向与纵向上的问题。复原能力也是对于"韧性"的一种考量，所以本书以 2020 年与 2008 年规模程度的差值作为复原力的表征。

4.1.2 "韧性"视角下经济发展质量评价指标构建

1. 评价指标选取原则

经济发展质量是一个复杂系统，在进行经济发展质量评估时，本书将经济发展质量分为两个部分，分别为经济规模即经济发展的"量"、经济结构即经济发展的"质"，从两方面对经济发展质量进行全面、细致的评价。并且遵循以下四个原则：

（1）系统性原则。在进行经济发展"质""量"的指标选取和评价阶段，要从系统整体性的角度出发，对经济发展"质""量"进行全面和综合的评估。要把握各指标间的综合效应，梳理系统内部各指标之间的相互关联，涵盖经济发展"质"与"量"的内涵和特征属性。

（2）科学性原则。经济发展"质"与"量"两个评价体系要建立在一定的科学基础上，在相关理论研究的基础上，紧扣经济发展质量的内涵，选取最具本质特征和代表性的指标因素。同时，指标体系要避免过于复杂，过于复杂会影响工作的进程，但也不能过于简单，过于简单会弱化指标体系的作用，应保证数据来源的可靠性、真实性及数据整理方式的科学性。

（3）导向型原则。指标因子的选取和指标体系的设置在经济高质量发展中能够起到积极地引导作用。经济高质量发展的影响因素有很多种，因此我们在建立指标体系的过程中，要发掘影响因素的主次，选取对经济高质量发展起主导作用的指标，这些指标在经济"质""量"发展中能促进经济更加高效，有效提升经济发展质量。

（4）可操作性原则。评价指标选取上应该注重所选数据的可量化性，避免定性化指标的出现。同时注重所选数据的可获得性，指标应该有数据的来源、有较高的获得性、便于收集和整理。

2. "质""量"指标体系的构建

立足于新时代的国际大背景下，结合中国经济高质量发展的特征及内涵，本书认为经济高质量发展的目标和内容有别于传统数量、规模型经济高速增长模式。因此，对于准确评价中国经济高质量发展水平不仅应建立在理论内涵基础上，也需要遵循相应的测算准则。为了更好地反映区域经济发展质的"韧性"，本书秉持客观、全面的评价以及数据的可获得性、完整性的原则，分别对"质"和"量"建立指标体系，以此对两种"韧性"进行评价。与以往指标体系构建不同的是，本书将经济高质量发展拆分为"质"与"量"两个维度进行指标体系构建。这样有助于区分经济高质量发展过程中存在问题的根源，根源的发现有助于高质量发展过程中问题的解决，在"质"和"量"的层面上采取相适应的解决方法维持我国经济高质量发展的运行轨迹。

提及经济规模，人们自然而然想到 GDP，然而 GDP 的表征略显单一，不利于全面、整体地说明问题。现如今区域经济发展是一个全面综合的概念，再依赖原有单一指标进行测评势必会产生失衡，造成对区域经济发展的错误定位。目前国内学者大多采用多指标评价法，在指标的横向与纵向选择上均有所加深。多指标评价可以避免单一指标所产生的局限性，从而提升测度的全面性、准确性与科学性。学者们从经济增长、福利水平、生态环境、创新发展等角度出发，对区域经济发展基本情况进行评价（方叶林等，2012；王青、金春，2018；郑涛等，2017）。通过前面文献的分析，本书选取外贸依存度、GDP 增长率、社会零售品总额占 GDP 比例、固定资产占 GDP 比例、失业率、基尼系数、"三废"排放量、教育支出占财政支出比例 8 个指标建立区域经济发展基本情况指标体系（见表 4-1）。

表 4-1　　　　　　　　　　　　经济规模指标体系

一级指标	二级指标	指标解释
经济层面	外贸依存度	进出口总额/GDP
	GDP 增长速度	（当期 GDP - 前一期 GDP）/前一期 GDP
	社会零售品总额占 GDP 比例	社会零售品消费总额/GDP
	固定资产投资占 GDP 比例	固定资产投资总额/GDP
民生层面	失业率	失业人数/总就业人数
	基尼系数	基尼系数公式
	"三废"排放情况	工业废水、废气、废渣总量
	教育支出占财政支出比例	教育支出总额/财政总支出

对于结构"韧性"，本书基于产业结构的视角展开研究。对于产业结构的研究，多数学者从第三产业、生产率、非农产业发展、高新技术的角度出发，对我国产业结构做细致性研究（张杰、唐根年，2018；范洪敏、穆

怀中，2015）。鉴于以上研究，依据我国产业结构现状，本书采取第三产业增加值占 GDP 比例、生产率水平、高新技术从业人员占总就业人员的比例、非农总产值与农业总产值的比例等指标建立如表 4 - 2 所示的指标体系。

表 4 - 2 产业结构指标体系

一级指标	二级指标	指标描述
产业结构	第三产业增加值占 GDP 比例	第三产业增加值/国内生产总值
	生产率水平	国内生产总值/总就业人数
	高新技术从业人员占总就业人员的比例	高新技术从业人员/总就业人数
	非农总产值与农业总产值的比例	非农业总产值/农业总产值

4.2 数据来源与测度方法

4.2.1 数据来源

本研究数据来源于 2000~2020 年的《国民经济和社会发展统计公报》《中国城市统计年鉴》《中国区域统计年鉴》《中国城市和产业创新报告》，以《中国城市统计年鉴》确定研究单元为 272 个地级市，以 2000~2020 年为研究时段。借助 Excel、ArcGIS、R、Stata 等软件，对相关数据进行统计分析、空间分析以及模型分析。

4.2.2 测度方法

1. 数据包络分析方法（DEA）

数据包络分析方法（DEA）通过考虑要素的投入与产出之间的关系，将多种投入和产出转化为效率指标的分子和分母，而无须转化成相同的货币单位，是一种较为有效的效率评价方法。本书采用 DEA 中非参数的

Malmquist 指数方法来计算中国以 2000 年为基期的全要素生产率。综合借鉴各研究成果对投入、产出指标的选择，本研究选取地区生产总值 GDP 代表产出，选取城市全社会固定资产投资额、年末从业人数和全社会能源消费总量分别代表资本、劳动力与能源投入。其中，对于地区生产总值，本书通过各年 GDP 指数将其转换成按 2000 年不变价计算的价值量；对于全社会固定资产投资额（其中采用永续盘存法进行存量计算），用各年的固定资产价格指数进行平减，转换成以 2000 年不变价计算的价值量。

　　Malmqusit 指数通过构造从 t 到 $t+1$ 期的 Malmqusit 指数（x^{t+1}，y^{t+1}，x^t，y^t），分析效率的动态变化。本书选取改进后的全要素生产力指数，其公式如下：

$$M(x^{t+1},y^{t+1},x^t,y^t) = \frac{D^t(x^{t+1},y^{t+1})}{D^t(x^t,y^t)} \frac{D^{t+1}(x^{t+1},y^{t+1})}{D^{t+1}(x^{t+1},y^{t+1})}$$

$$\times \frac{D^t(x^t,y^t)}{D^{t+1}(x^t,y^t)} \qquad (4-3)$$

式中，$D^t(x^{t+1},y^{t+1})$ 和 $D^t(x^t,y^t)$ 分别表示以 t 期为技术参考期，t 期和 $t+1$ 期评价对象的决策单元距离函数，$D^{t+1}(x^{t+1},y^{t+1})$，$D^{t+1}(x^t,y^t)$ 含义类似。

2. 熵值法

　　用熵值的思想来确定各子系统及构成要素指标的权重，以期在一定程度上避免主观赋值法的缺陷。对于某项指标，信息熵值越大，指标值的变异程度越大，则该指标在综合评价中所起的作用越大（马艳梅等，2015）。以 x_{ij} 表示第 i 个地区第 j 项指标值，则熵值法计算两种"韧性"水平的步骤为：（1）对指标进行正向、负向处理，再将各指标同度量化，计算比重：$s_{ij} = x_{ij} / \sum_{i=1}^{n} x_{ij}$；（2）计算指标的熵值：$e_j = -k \sum_{i=1}^{n} s_{ij} \ln s_{ij}$；（3）计算第 j 项指标的信息效用值 $g_j = 1 - e_j$；（4）计算指标 x_j 的权重：$\omega_j = g_j / \sum_{j=1}^{p} g_j$；（5）分别计算各地级市规模"韧性"、结构"韧性"水平：$C_i =$

$$\sum_{j=1}^{P} \omega_j\, x_{ij}\,。$$

3. 聚类分析

聚类分析是把要分类的对象按照一定规则分成若干类，这些类不是事先设定的，而是根据数据的特征确定的。同一类中这些对象在某种意义上具有相似性，而与其他类别的对象具有明显的差异性。聚类分析广泛运用在经济领域、生物领域、医学领域以及制定国家标准、区域标准等方面，是一种运用较为广泛的多变量统计方法。

最常用的聚类分析方法主要有层次聚类、划分聚类。相比较于层次聚类，划分聚类事先要对聚类个数人为设定，主观性大于客观性，对于操作者的经验要求较高，所以本研究选用层次聚类法。层次聚类，是将每个实例或者观测值独立成一类，然后每次把两类聚成新的一类，直到所有的类聚成单个类为止。具体算法如下：（1）定义每个观测者（行或单元）为一类；（2）计算每类和其他类的距离；（3）把距离最短的两类合并成一类，这样类的总个数会减少一个；（4）重复步骤（2）和步骤（3），直到包含所有观测值的类合并成单个类为止。聚类方法包括单联动、全联动、平均联动、质心、Ward 法。本书选用 Ward 法，Ward 法倾向于把有少量观测值的类聚合到一起，并且倾向于产生与观测值个数大致相等的类，在聚类上方法大同小异，但是 Ward 法对于异常值较为敏感。

4. 无量纲化处理

有些原始数据的单位会出现不一致的问题，为了避免这种问题，我们必须对数据进行去量纲处理。目前，比较常用的去量纲处理方法包括标准化法、效用值法、极值法以及均值化法 4 种。本书采取效用值法。具体方法如下：

$$y_{ij} = \frac{x_{ij} - x_{i\min}}{x_{i\max} - x_{i\min}} \times 100 \qquad\qquad (4-4)$$

$$y_{ij} = \frac{x_{i\max} - x_{ij}}{x_{i\max} - x_{i\min}} \times 100 \qquad\qquad (4-5)$$

式中，x_{ij} 是指第 i 个指标第 j 个样本的相应数据；x_{imax} 是指所有研究样本中，第 i 个指标对应数据的最大值；x_{imin} 表示所有研究样本第 i 个评价指标所对应的最小值。y_{ij} 表示第 i 个评价指标第 j 个样本的指标值。

4.3 经济"韧性"与区域高质量发展实证分析

4.3.1 经济规模与结构规模发展现状

依据双"规模"指标体系，本书运用熵值法对 272 个地级市的经济规模、产业结构进行实证评价。首先对经济规模、产业结构进行分析。我国经济规模两极分化程度较为严重，东部地区经济规模明显高于全国平均水平，东北部以及中西部地区的经济规模低于全国平均水平，且与东部地区规模相差较大。从城市的角度来看，经济规模水平高的城市主要是东部沿海城市以及各地区的中心城市，如北京、上海、深圳等东部沿海发达城市以及成都、重庆、哈尔滨、武汉等中心城市，而经济规模水平低的城市主要分布在中西部、东北部等地区，这点与事实相符。可能的原因是，东部沿海城市具有经济资源丰富、开放水平高、地理区位等比较优势，造成经济资源的集聚以致发展的水平高于其他地区。其他地区的中心城市同样由于比较优势的存在，对周边城市的虹吸效应明显，导致经济规模的差异化较为严重。从省级层面上看，我国省际经济规模发展同样存在着区别，经济规模发展较好的省份同样主要是山东、河北、浙江、江苏、广东、福建等东部沿海省份，其次是湖南、湖北、陕西等中部地区省份，而其余省份则属于经济规模发展较为落后的地区。

产业结构同样呈现较严重的两极分化。在空间上，产业结构与经济规模较为相似，高水平地区主要集中在东部沿海，其余地区发展水平较低。由于东部地区产业多样性相对较高，且主要以第三产业以及高新技术产业为主，而中西部地区以及东北部地区产业布局上主要以第一、第二产业为主，第三产业以及高新技术产业的发展相对较弱，以至于东部地区产业发展的整体水平与东北部以及中西部呈现差异化。如果将经济规模与产业结构分析半径缩小，可以发现两者之间的分布存在明显的差异性。经济规模强弱分布较为明显，从省级层面就能清晰分辨出，但是产业结构强弱分布从省级层面上难以清晰分辨出。本书将分析半径缩小至城市群的角度，可以清晰发现，产业结构规模发展较好的区域主要集中在珠三角、长三角以及京津冀等城市群，这些地区的产业结构规模明显强于其他地区。不仅是这些地区三产格局分布较为合理，而且这些城市群内部具有完整的产业链，城市群之间产业合作、创新合作、贸易往来频繁，也就加剧了产业的集聚，使得各城市的结构规模得以快速发展。

同时，核心城市的辐射作用也是结构规模、经济规模分布差异的影响因素。核心城市在经济、结构发展上具有领先地位与正向效应，促进周围城市的经济规模、结构规模不断发展。但是核心城市在经济规模与结构规模辐射上具有明显的差异性，这点在两者的空间分布上和发展规模上就有很好的解释。可能原因是，不同地区、城市间所具有的要素禀赋、发展历史以及地理人文存在差异性，导致周围城市对于核心城市的辐射吸收能力存在差异性，核心城市在经济规模上的辐射明显强于产业结构规模。核心城市对周围城市经济规模的辐射属于"量"的辐射，核心城市可以为周边城市提供劳动需求、土地需求等一系列促进经济发展的动力，再结合周边城市自身的要素禀赋，无论是直接还是间接都可以对周围城市起到一定的带动作用，这与核心—边缘理论相符。但是，结构规模属于"质"的辐射，这种辐射强度就显得格外弱。因为结构规模的辐射不仅要考虑辐射强度，而且要考虑到周围城市是否可以有效吸收。例如，"创新"的流动，需要"被辐射"地区具有一定的高校人才资源、创新基础设施、文化氛围、公共服务以及政府政策等相关因素，这类要素不是一个城市与生俱来的，需要长时间通过发展所积累的。所以，结构规模上的辐射强度要弱于经济规模上的强度。

4.3.2 经济高质量发展因素分析

从前面对我国经济"质"与"量"的发展情况以及空间分布进行的分析可知,这种两极分化的格局不利于我国经济高质量发展。而经济高质量发展的因素值得深入研究,故本书从医疗水平(医院数量)、外资吸引(实际使用外资金额)、人口活力(人口自然增长率)、人力资本(普通本科以上在校学生)、创新水平(创新指数)以及货物吞吐(货物运输量)进行影响因素分析,以期解决我国经济高质量发展分布失衡的现象。表4-3为变量的描述性统计特征。

表4-3   变量描述性统计特征

变量名称	样本数	均值	标准差	最小值	最大值
发展质量	272	0.351	0.115	-0.2925	1.569
医疗水平	272	2.758	0.251	0.6712	4.142
外资吸引	272	5.274	0.743	0.5169	7.125
人口活力	272	1.548	0.103	0.0487	1.986
人力资本	272	5.517	0.695	3.1138	7.054
创新水平	272	-0.110	0.615	2.056	3.544
货物吞吐	272	4.631	0.411	2.685	5.745

注:本部分数据采用取对数形式。

由检测结果可知(见表4-4),在5%的置信水平下,各变量拒绝存在单位根的原假设,说明各变量不存在单位根,故为平稳序列。

表4-4   单位根检验

变量名称	变量描述	ADF检验P值
发展质量(Qu)	经济发展质量系数	0.000
医疗水平(med)	医院数量	0.036

续表

变量名称	变量描述	ADF 检验 P 值
外资吸引（inv）	实际使用外资金额	0.000
人口活力（popu）	人口自然增长率	0.020
人力资本（cap）	普通本科以上在校学生	0.032
创新水平（inn）	创新指数	0.000
货物吞吐（car）	货物运输量	0.002

注：本部分数据采用对数形式。

本书对模型进行固定效应和随机效应估计，并进行豪斯曼（Hausman）检验，回归结果见表 4 - 5，检验结果 P = 0.000，因此采用以下固定效应模型：

$$\ln Qu_{it} = \alpha + \beta_1 med + \beta_2 inv + \beta_3 popu + \beta_4 cap + \beta_5 inn + \beta_6 car + \varepsilon_{it}$$

其中，α 是常数项，β_1、β_2、β_3、β_4、β_5、β_6 是系数，ε_{it} 是随机常数项。

表 4 - 5　　　　　　　　　　　　样本回归结果

指标	2000 ~ 2020 年	2000 ~ 2008 年	2009 ~ 2020 年
医疗水平	- 0.013 (- 1.96)	- 0.016 (- 1.58)	0.016 (1.44)
外资吸引	- 0.005 ** (- 2.55)	0.0046 * (1.7)	- 0.0075 ** (- 2.67)
人口活力	0.020 ** (2.12)	- 0.030 * (- 1.77)	0.017 ** (2.28)
人力资本	0.057 * (1.75)	0.030 ** (0.86)	0.069 ** (1.31)
创新水平	0.069 *** (6.85)	0.037 ** (2.48)	0.0715 *** (4.82)
货物吞吐	0.022 *** (4.68)	0.028 *** (3.36)	0.036 *** (3.25)
常数项	0.198 *** (5.88)	0.232 *** (4.58)	0.290 *** (5.07)

续表

指标	2000～2020 年	2000～2008 年	2009～2020 年
时间效应	控制	控制	控制
个体效应	控制	控制	控制
拟合优度	0.895	0.861	0.877
观察值个数	272	272	272

注：***、**、* 分别表示系数在 1%、5%、10% 的显著性水平下显著，括号内为回归系数的 t 统计量大小。

根据表 4-3、表 4-4 和表 4-5 的统计分析结果，下面进行详细解释说明。模型分为对 2000～2020 年整体回归和以 2008 年金融危机前后两段分析，其中样本数量为 272 个地级市，三个回归的拟合优度都较好，说明模型具有一定的解释能力。再从指标的拟合情况分析，整体上人口活力、人力资本、创新水平、货物吞吐等指标均显著正相关，但外资吸引显著负相关，而医疗水平相对不显著；从解释变量系数来看，创新水平、人力资本、货物吞吐、人口活力对经济质量发展的影响依次减弱，其中创新水平对经济质量发展的贡献最大，人口活力对经济发展质量的作用出现明显的正负变化，2008 年之前为显著的负相关而 2008 年之后呈现显著正相关。本书以人口自然增长率表征人口活力，模型结果的前后改变与我国人口政策不谋而合，从"计划生育"到 2011 年的"双独"二孩政策到 2013 年的"单独"二孩政策再到 2015 年的"全面"二孩政策，我国人口政策的转变在一定意义上说明人口活力在不同阶段对我国经济发展质量的影响。从经济冲击前后对比来看，人力资本、创新水平、货物吞吐依旧显著正相关，其中人力资本的提升程度最大，创新水平次之，创新和人力资本无论是在冲击前、冲击后和整个发展阶段，均是经济高质量发展的核心。从创新和人力资本的提升上来看，无疑也是符合我国科技引领经济发展的大趋势，而货物吞吐量是一个城市活力的体现，城市活力从侧面表明一个城市的经济整体发展情况。而外资吸引对于经济质量发展的显著性有所提升但是呈现显著负相关，原因可能是：早期外部资金的投资倾向于沿海地区等具有区位优势的城市，同时投资领域主要集中在产业链中下游劳动密集型企业，这类企业具有区位优势以及劳动力价格优势；而随着沿海城市的快速发展导致劳动力价格上升以及经济的外部冲击，两种叠加因素导致外资的大量撤资和转移；与此同时，经济的快速发展带动了交通基础设施的提升，区位的重要性也随之降低，外资的投资更注重劳动力价格，故从原本经济发达地区逐渐转移到具有成本优势的地区。

4.3.3　冲击对经济规模、产业结构规模的影响

城市的发展是一个动态和非线性的过程，易受到外部冲击的干扰，特别是对一些正处于快速发展阶段的城市以及核心发达城市而言，这种抵御外部冲击干扰的能力显得尤为重要。快速发展的城市是我国经济发展中间梯队，也是发展的主力军，而核心发达城市则是经济发展的"火车头"，起到引领带动作用。倘若失去了核心城市的牵引作用和中间梯队城市的维稳作用，经济质量的整体发展将会失去活力，导致经济发展轨迹出现严重偏离，所以有必要对经济规模以及产业结构规模的发展路径的稳定性进行分析。接下来对 272 个地级市的经济规模发展路径、产业结构规模发展路径的稳定性做实证分析，为质量"韧性"评价做基础。

本书以 2008 年前后作为分析的时间拐点，2000～2007 年为城市未受到冲击的表现，2008～2020 年为城市受到冲击后的表现。以 2008 年为自然转折点，由各评价因子指标值乘以各因子的权重后再按照自然断点法进行聚类分析（选用 Ward 法），分别将经济规模和产业结构分类为高发展地区和低发展地区，如表 4-6 所示。首先，对经济规模应对冲击的反应进行分析，再对产业结构规模应对冲击能力进行分析。从 2008 年之前即冲击前的经济规模发展情况看，规模发展水平高的城市占比较少，仅仅占总数的 5.5%，其余均属于低发展地区，这种较为严重的两极分化，不利于全国经济规模均衡发展。另外，从规模发展路径来看，低水平城市经济规模发展趋势向

下，高水平城市经济规模趋势向上，经济规模水平高的地区的发展路径明显高于低水平地区，说明高水平城市的规模投入是有效的。从冲击后的经济规模发展情况看，高发展城市数量、发展水平均有所上升，但是增加的幅度微弱；相反高发展地区经济规模发展趋势的增加幅度较大，较冲击前增加了一倍。低发展地区的经济发展趋势有所下降，导致经济规模的整体水平也较之前偏低，表明冲击对经济规模发展水平低的区域影响较大。其次，从产业结构规模的角度来看，产业结构规模同样存在明显的两极分化，高水平城市在数量上明显少于低水平城市，而且冲击前后高水平城市的数量明显减少。可见，冲击对结构的影响大于对规模的影响，冲击造成影响的差异性即为"韧性"的不同所导致。

表 4 – 6 　　　　　　　　　　　**经济冲击影响分析**

指标	冲击前经济规模		冲击前产业结构	
	高发展地区	低发展地区	高发展地区	低发展地区
城市（个数）	15	257	17	255
发展趋势均值（K）	0.057	− 0.003	0.19	− 0.015
发展水平（均值）	2.76	− 0.155	1.88	0.257
发展水平（范围）	1.12 ~ 6.01	− 0.8 ~ 1.09	0.91 ~ 3.45	0.04 ~ 0.85
指标	冲击后经济规模		冲击后产业结构	
	高发展地区	低发展地区	高发展地区	低发展地区
城市个数	17	255	8	264
发展趋势均值（K）	0.142	− 0.007	0.316	− 0.006
发展水平（均值）	2.97	− 0.19	2.44	0.237
发展水平（范围）	1.34 ~ 6.71	− 1.39 ~ 1.20	1.16 ~ 4.25	0.048 ~ 1.07

同样，个体对于冲击的反应也具有差异性，各城市在冲击前后的产业结构水平变化程度不同。有的城市整体发展水平提升，例如深圳和北京分别从冲击前的 3.45 和 1.70 提升至冲击后的 4.26 和 1.94；有的城市整体水平下降，例如苏州和无锡分别从冲击前的 1.26 和 1.42 下降到 0.94 和 0.92。高水平城市与低水平城市平均发展趋势向上，说明整体发展趋势向好，但

是个体之间的差异性体现得较为明显。为探究个体对于冲击反应的差异性，本书对 272 个城市发展趋势作了进一步分析。

4.3.4　发展趋势 K 值分布情况

通过上述研究发现，不同城市的经济规模、产业结构规模发展趋势对于冲击的反应具有差异性。有的城市在受到冲击后发展路径高于冲击前的发展路径，相反，有的城市低于冲击前的发展路径，这种差异性研究，有利于对城市经济发展质量的监测。对于 K 值的研究发现，经济规模的 K 值符合正态分布且均值大于 0，说明我国城市经济规模整体上对于冲击的影响具有一定程度的抵抗力，相反产业结构规模 K 值的分布就略显分散没有显著特征。这点与我国早期经济发展方式较为一致，早期的经济发展方式以粗放式发展为主，通过经济规模上的快速提升，解决由于落后生产导致的物质文化方面的不足。而我国产业结构规模发展上呈现的不稳定性，归结于各城市发展的主观意愿与客观条件。过去城市的发展不会过多注重产业结构规模稳定的重要性，发展的重心往往是如何快速提升城市的经济规模，也就是说只注重外在表现而忽略内在稳定的重要性。人们主观上倾向于提升城市的经济规模来彰显优秀的成绩，这样的结果导致产业结构规模发展的客观条件缺少牢固的基础，究其原因是发展重心的偏移。发展重心逐渐偏向通过固定资产投资、人口红利等先天优势，快速提升经济规模，而产业结构的优化配置、合理性的分布得不到有效的重视。因此产业结构规模发展的路径和趋势缺乏稳定性，使得产业结构规模在外部冲击下显得"弱不禁风"。

本书分别对 272 个城市的经济规模与产业结构的发展趋势进行动态研究。根据对 K 值情况的分析 [见式 (4-1)、式 (4-2)]，本书将冲击对发展趋势的影响分为三种类型。类型一，发展趋势向好，对于冲击的抵抗性较强；类型二，发展趋势受到影响但是发展趋势有所改善或者影响程度小；类型三，发展趋势受到很严重的影响，冲击前后的发展趋势明显出现偏离。接下来分别对经济规模、产业结构规模发展路径展开动态分析。

1. 经济规模角度

从经济规模的角度出发，本书按照"韧性"的理论框架，对我国272个地级市的发展路径进行实证分析。先对经济规模冲击前路径进行划分，分为冲击前发展路径大于0、冲击前发展路径小于0，再对冲击后的发展路径进行测度，最后比较不同条件下冲击前后的发展路径的差值。从表4－7中可以看出，总共分为三种类型，类型一为冲击后经济规模的发展路径大于冲击前的发展路径，也就是抗冲击能力强；类型二为冲击后经济规模的发展路径有所偏差，但是偏离的程度不是很大，表明经济规模具有一定的抗风险能力；类型三为冲击后经济规模的发展路径出现较为严重的偏差，表明经济规模不具备抵御外部冲击的能力。接下来对三种类型进行逐一分析。

对于类型一来说，又可进一步细分为冲击前经济规模发展趋势 $K_0 > 0$ 和 $K_0 < 0$ 两种情形。属于 $K_0 > 0$ 情形的城市有 52 个，其中包括北京、广州、深圳、天津、东莞、成都、上海、厦门等城市。这些城市冲击前经济规模发展路径均值为 0.050，冲击后经济规模发展路径均值为 0.157，冲击前后 K 值差为 0.107，这类城市冲击后的发展趋势较冲击前发展趋势有所提升，经济规模发展路径可持续的能力较强。属于 $K_0 < 0$ 情形的城市有 51 个，其中包括重庆、郑州、乌鲁木齐、石家庄、大庆、江门等城市。这些城市冲击前经济规模发展路径均值为 － 0.080，冲击后经济规模发展路径均值为 0.115，冲击前后 K 值差为 0.195，这类城市经济规模发展路径在应对冲击时具有创造路径的能力。

对于类型二来说，也进一步细分为冲击前经济规模发展路径趋势 $K_0 > 0$ 和 $K_0 < 0$ 两种情形。属于 $K_0 < 0$ 的城市有 31 个，其中包括温州、齐齐哈尔、贵阳、张家口、佳木斯等城市。这些城市冲击前经济规模发展路径均值为 － 0.122，冲击后经济规模发展路径为均值 － 0.055，冲击前后 K 值差为 0.067。这类城市受到冲击前经济规模发展路径趋势小于0，冲击后经济规

表4-7 经济规模发展路径动态分析统计

经济规模	K₀>0			K₀<0			总趋势
	冲击前 K₀ (1)	冲击后 K₁ (2)	前后路径变化 (3)=(2)-(1)	冲击前 K₀ (4)	冲击后 K₁ (5)	前后路径变化 (6)=(5)-(4)	(K值差)
类型一	均值 (0.050) 范围 (0.005~0.256)	均值 (0.157) 范围 (0.022~0.368)	均值 (0.107) 范围 (0.298~0.007)	均值 (-0.080) 范围 (-0.210~-0.001)	均值 (0.115) 范围 (0.012~0.319)	均值 (0.195) 范围 (0.037~0.522)	均值 (0.151) 城市数量 (103)
类型二	均值 (0.120) 范围 (0.020~0.260)	均值 (0.051) 范围 (0.008~0.169)	均值 (-0.069) 范围 (-0.371~-0.0046)	均值 (-0.122) 范围 (-0.270~-0.030)	均值 (-0.055) 范围 (-0.0004~-0.233)	均值 (0.067) 范围 (0.014~0.157)	均值 (-0.011) 城市数量 (72)
类型三	均值 (0.086) 范围 (0.002~0.237)	均值 (-0.091) 范围 (-0.491~-0.0007)	均值 (-0.177) 范围 (-0.645~-0.006)	均值 (-0.061) 范围 (-0.300~-0.003)	均值 (-0.152) 范围 (-0.426~-0.038)	均值 (-0.091) 范围 (-0.313~-0.003)	均值 (-0.132) 城市数量 (97)

模发展趋势也小于0，但冲击前后经济规模发展趋势 K 值差大于0，因此它们的经济规模发展路径具有一定的创造性，经济规模发展趋势有所好转，但是转变的幅度并不明显。属于 $K_0 > 0$ 情形的城市有41个，其中包括杭州、无锡、青岛、绍兴、湖州、沈阳等城市。这些城市冲击前经济规模发展路径均值为0.120，冲击后经济规模发展路径均值为0.051，冲击前后 K 值差为 -0.069。这类城市受到冲击前经济规模发展趋势大于0，冲击后经济发展规模趋势小于0，而且冲击前后的发展趋势 K 值差也小于0，因此它们的经济规模发展路径在应对冲击时缺乏抗风险能力。

对于类型三来说，也可进一步细分为冲击前经济规模发展趋势 $K_0 > 0$ 和 $K_0 < 0$ 两种情形。属于 $K_0 > 0$ 的城市有47个，其中包括南京、西安、常州、台州、合肥、长沙等城市。这些城市冲击前经济规模发展路径均值为0.086，冲击后经济规模发展路径均值为 -0.097，冲击前后 K 值差为 -0.183，现有数据表明这类城市经济规模发展路径缺乏较为强劲的可持续发展能力。属于 $K_0 < 0$ 的城市有50个城市，其中包括长春、绵阳、抚顺、洛阳、黄石等城市。这些城市冲击前经济规模发展路径均值为 -0.061，冲击后经济规模发展路径均值为 -0.152，冲击前后 K 值均值为 -0.091，现有数据表明这类城市的经济规模抵抗外部冲击的能力较弱。

从全国层面上看，以上三种类型的城市分别占总体的37.9%、26.5%、35.6%，而且类型一和类型二的城市数量之和占总体的2/3左右，表明经济规模发展具有一定的稳定性。从地区的角度看，城市分布呈现明显的块状分布特征，类型一、类型二的城市多数集中在东部地区，而相对较弱的类型三城市则集中在东北部以及中西部地区。这点与我国城市经济发展水平的分布较为相似，发达城市多数集中在东部沿海地区，而欠发达地区则多数分布在其他地区。同时，以中心城市北京和天津构成的京津冀地区、长三角地区、成渝地区以及广州和深圳为中心的珠三角地区，发展趋势在冲击前后的表现明显优于其他城市群，中心城市在应对冲击的影响上同样具备引领作用。

2. 产业结构规模角度

区域高质量发展的产业结构规模发展路径同样也会受到外部冲击的影响，本书采取同样的方法对各我国 272 个地级市经济发展的产业结构规模发展路径进行分析（见表 4 - 8）。同样，产业结构规模发展路径分为三种类型。类型一为冲击后产业结构规模的发展路径大于冲击前的发展路径，也就是抗冲击能力强；类型二为冲击后产业结构规模的发展路径有所偏差，但是偏离的程度不是很大，表明产业结构规模具有一定的抗风险能力；类型三为冲击后产业结构规模的发展路径出现较为严重的偏差，表明产业结构不具备抵御外部冲击的能力。

对于类型一来说，可分为：情形一，冲击前产业结构规模发展趋势 $K_0 > 0$；情形二，冲击前产业结构规模发展趋势 $K_0 < 0$。属于情形一的城市较少，仅有 6 个，其中包括上海、深圳、北京等发达城市。这些城市产业结构规模发展路径均值为 0.007，冲击后产业结构规模发展路径均值为 0.013，冲击前后 K 值差均值为 0.006，这类城市冲击前本身具备良好的发展路径，冲击后依旧可以维持好的产业结构规模发展路径，这类城市产业结构规模发展路径具有可持续发展的能力。属于情形二的城市有 57 个，其中包括成都、广州、哈尔滨、郑州、厦门等城市。这些城市冲击前产业结构规模发展路径均值为 - 0.01，冲击后产业结构规模发展路径均值为 0.005，冲击前后 K 值差均值为 0.015，这类城市冲击前产业结构规模发展路径发展趋势小于 0，但是冲击后产业结构规模路径发展趋势大于 0，说明产业结构规模具有路径创造的能力。

对于类型二来说，也分为：情形一，冲击前产业结构规模发展趋势 $K_0 > 0$；情形二，冲击前产业结构规模发展趋势 $K_0 < 0$。属于情形一的城市有 146 个，其中包括杭州、南京、宁波、天津、青岛、金华、大庆、吉林等城市。这些城市冲击前产业结构规模发展路径均值为 0.044，冲击后产业结构规模发展路径均值为 0.005，冲击前后 K 值差均值为 - 0.039，这类城市在应对外部冲击时具有一定的路径创造能力，但是城市结构规模仍然需要

表 4-8　产业结构规模发展路径动态分析统计表

产业结构规模	$K_0>0$			$K_0<0$			总趋势（K 值差）
	冲击前 K_0 (1)	冲击后 K_1 (2)	前后路径变化 (3)=(2)-(1)	冲击前 K_0 (4)	冲击后 K_1 (5)	前后路径变化 (6)=(5)-(4)	
类型一	均值（0.007）范围（0.0001~0.023）	均值（0.019）范围（0.0003~0.036）	均值（0.006）范围（0.0002~0.010）	均值（-0.010）范围（-0.210~-0.001）	均值（0.005）范围（0.0003~0.017）	均值（0.018）范围（0.003~0.091）	均值（0.018）城市数量（63）
类型二	均值（0.044）范围（0.001~0.160）	均值（0.005）范围（0.0002~0.009）	均值（-0.039）范围（-0.142~-0.001）	均值（-0.030）范围（-0.130~-0.0002）	均值（-0.007）范围（-0.047~-0.0001）	均值（0.022）范围（0.001~0.063）	均值（0.011）城市数量（149）
类型三	均值（0.046）范围（0.0005~0.120）	均值（-0.024）范围（-0.137~-0.001）	均值（-0.070）范围（-0.240~-0.002）	均值（-0.005）范围（-0.016~-0.0008）	均值（-0.009）范围（-0.021~-0.007）	均值（-0.004）范围（-0.009~-0.0005）	均值（-0.137）城市数量（60）

大力发展。属于情形二的城市只有 3 个，它们是崇左、贵港、遵义。这些城市冲击前结构规模发展趋势均值为 -0.030，冲击后结构规模发展趋势均值为 -0.007，冲击前后 K 值差均值为 0.023，这类城市在应对外部冲击时表现出缺乏可持续发展的能力，发展趋势略微提升，但仍具备一定的抗风险能力。

对于类型三来说，也分为两种情形。情形一，冲击前结构规模发展趋势 $K_0 > 0$；情形二，冲击前产业结构规模发展趋势 $K_0 < 0$。属于情形一的城市有 38 个，其中包括东莞、太原、舟山、包头、黄山等城市。这些城市冲击前产业结构规模发展趋势均值为 0.046，冲击后产业结构规模发展趋势均值为 -0.024，冲击前后 K 值差为 -0.070，现有数据表明这类城市在应对外部冲击时缺乏较为强劲的可持续发展能力。属于情形二的城市有 22 个，其中包括合肥、桂林、南通、辽阳等城市。这些城市冲击前产业结构规模发展趋势均值为 -0.005，冲击后产业结构规模发展趋势均值为 -0.008，冲击前后 K 值差均值为 -0.003，现有数据表明这类城市产业结构规模路径创造能力缺乏动力。

从类型的数量上看，产业结构规模主要以类型二的城市为主，类型一、类型三的城市相对较少，也就是说大部分城市结构发展趋势受到了冲击的影响，但是冲击所造成的损失有限，只是发展趋势有所放缓或者略微提升并没有改变发展的整体趋势。从类型的分布上，受到冲击影响较大的城市大多数分布在我国西北地区，而受到冲击影响较小的地区主要分布在四川、河南、湖南、山东等省份。原因可能是，这些省份在冲击之前主要处在第二产业迅速发展、第三产业不断壮大的阶段，同时这些地区劳动力输出较多，伴随着沿海地区第三产业的高速发展，加速了这类地区劳动力的流动，同样也加速了部分劳动人口的技术提升。当经济冲击对沿海地区产业造成影响时，也相应地加速了劳动力的回流以及技术的传播，使得这些地区城市的产业发展趋势得到提升。

4.4 双"韧性"分类

值得注意的是，城市经济规模和产业结构规模对冲击的反应存在明显差异性，有的城市无论经济规模还是产业结构规模的发展趋势均向好，相反有的城市发展趋势恶化，这种差异性的表现即为"韧性"。为了探究这种异质性的表现，本书采用"韧性"模型，从复原能力、冲击影响程度、冲击前后发展趋势 K 值及冲击造成的 K 值差等方面对经济规模"韧性"、产业结构规模"韧性"进行评价，分析各城市"韧性"情况。具体方法采用"标准化—均值"思想，对 5 类数据进行标准化取均值，以此表征"韧性"水平。

对于经济规模"韧性"的研究发现，全国有 40.8% 的城市在经济规模上具有"韧性"，侧面反映出我国经济规模整体上具有"韧性"，可以有效化解冲击对于经济规模的影响。从空间上对具有经济规模"韧性"的城市进行分析发现，东部地区所占的比例相对较高，其次是西部、中部、东北部地区，经济规模"韧性"数量上呈阶梯式递减。其中，山东、广东、江苏等省份的经济规模"韧性"城市数量相对较多，占总数的 66%，相反贵州、湖北、陕西、四川等省份的经济规模"韧性"城市数量相对较少。

另外，产业结构"韧性"的城市较经济规模"韧性"的城市数量减少明显，而且在数量上的分布与经济规模"韧性"有所不同，东部地区依旧为主要地区，其次是中部、西部、东北部地区。产业结构"韧性"城市数量与经济规模"韧性"城市数量存在明显的差异性，原因可能是研究期内多数城市经济规模采用较为粗放型的提升方式，对于产业结构的优化升级重视度不高，在受到冲击时经济发展继续以"粗放型"方式延续，但是产业结构发展则受到更为严重的影响。从城市的构成来看，经济规模"韧性"以中心城市以及外围城市构成，而产业结构"韧性"则主要以中心城市为主，这一点与经济规模"韧性"的"核心—边缘"结构有所不同。

通过上述对 272 个地级市的经济规模"韧性"、产业结构"韧性"分析，本书将具有经济规模"韧性"和产业结构"韧性"的城市分别进行汇总，以更明显分辨两种"韧性"的分布情况。从表 4-9 可以发现，具有经济规模"韧性"的城市较具有产业结构"韧性"的城市在总量上具有明显的差异，经济规模"韧性"的城市数量是产业结构"韧性"城市数量的 3 倍多，这点也与冲击对我国各地级市经济发展路径和产业结构发展路径的影响的结论较为一致。经济规模"韧性"城市主要分布在我国东部地区，占经济规模"韧性"城市总量的 46.8%，其中这些城市主要以一些沿海发达城市为主，特别是以长三角、珠三角、环渤海城市群为主。这些城市无论在经济发展规模上还是经济规模"韧性"上都具有一定的领先优势，可见经济规模"韧性"城市在东部地区多以城市群形式聚集，这点恰恰说明经济规模"韧性"城市在一定程度上具有集聚效应。西部地区、中部地区、东北部地区具有经济规模"韧性"的城市占总体的 29.8%、12.8%、10.6%，其中包括以成都、重庆、贵阳为中心所形成的城市群以及郑州、长沙等中心城市，与东部地区相比，经济规模"韧性"城市以中心城市为主且空间分布上较为分散。

表 4-9　　　　地级市经济规模"韧性"与结构"韧性"分类

类型	地区	主要城市
经济规模"韧性"	东部地区（44）	深圳、苏州、厦门、杭州、北京、宁波、天津、无锡、唐山、青岛、上海、珠海、青岛、东营、烟台、常州、镇江、东莞、泉州、唐山、沧州等
	西部地区（28）	延安、成都、丽江、玉溪、贵阳、桂林、北海、酒泉、金昌、呼和浩特、通辽、重庆等
	中部地区（12）	长治、郑州、焦作、芜湖、淮南、宜昌、九江、南昌、长沙等
	东北部地区（10）	大庆、伊春、长春、大连、鞍山、哈尔滨、沈阳、吉林、营口、盘锦

续表

类型	地区	主要城市
产业结构"韧性"	东部地区（12）	北京、上海、天津、菏泽、济南、廊坊、广州、厦门、福州、深圳、泉州、莆田
	西部地区（6）	昆明、乌鲁木齐、成都、巴中、贵阳、西安
	中部地区（8）	岳阳、湘潭、常德、张家界、株洲、荆门、郑州、池州
	东北部地区（2）	哈尔滨、大连

相比于经济规模"韧性"，我国产业结构规模"韧性"城市数量明显低于经济规模"韧性"城市数量，而且产业结构规模"韧性"城市空间分布不同于经济规模"韧性"城市的分布特征。在空间分布上产业结构规模"韧性"城市的空间分布同样以东部地区为主，其次为中部地区、西部地区、东北部地区，这与上述关于经济冲击对结构规模影响研究的结论较为一致，劳动力输出多的地区相较于其他地区，产业结构规模对于冲击具有一定抗风险能力。产业结构规模"韧性"城市数量上不仅明显低于经济规模"韧性"城市，而且在城市分布上多以中心城市、功能型城市为主，不再具有城市群分布特征，从侧面表明产业结构规模"韧性"城市现阶段不具有集聚效应，不能有效辐射周围城市，实现其产业结构"韧性"的提升。

4.5 质量"韧性"城市甄别及影响因素分析

4.5.1 质量"韧性"城市甄别

通过对经济规模"韧性"与产业结构规模"韧性"的分析可知，各城市的产业结构规模"韧性"与经济规模"韧性"呈现出不匹配的现象。有的城市经济规模"韧性"高而产业结构规模"韧性"低，有的城市产业结构规模"韧性"高而经济规模"韧性"低，这种"高 - 低"不匹配的现象不利于城市经济发展质量的提升。本书认为区域经济"质"与"量"的有机结合才能更好地提升区域经济发展质量，同理，"质"的"韧性"与"量"的"韧性"也是区域经济发展质量"韧性"的重要组成成分。故本书从经济规模"韧性"与产业结构规模"韧性"一体化的角度出发，对我国城市经济发展质量"韧性"进行深层次的研究。本书采用自然断点法对272 个地级市的经济发展规模"韧性"、产业结构规模"韧性"进行分割，将经济发展规模"韧性"（分割点：0.0038）、产业结构规模"韧性"（分割点：0.004）各划分为两部分，目的是作出区分，对不同情况进行合理性分析。根据不同分割点，按照经济规模"韧性"和产业结构规模"韧性"的顺序划分为四种类别：高－高（H-H）型、高－低（H-L）型、低－高（L-H）型、低－低（L-L）型。从不同类别城市数量分布上可以清晰发现，具有双"韧性"城市数量较少，仅北京、上海、深圳、厦门等 11 个城市，占研究城市的 4.04%，其余多数为高－低（H-L）型和低－低（L-L）型城市。

4.5.2　质量"韧性"城市影响因素分析

根据质量"韧性"城市的类别划分，本书采用多元离散选择模型对质量"韧性"城市类别进行影响因素回归分析。具体采用 Logit 多元离散选择模型，模型公式表示为：

$$P(y_i = j \mid x_i) = \begin{cases} \dfrac{1}{1 + \sum\limits_{j=0}^{j} e^{x_i \beta_j}}, j = 1 \\[4mm] \dfrac{e^{x_i \beta_j}}{1 + \sum\limits_{j=0}^{j} e^{x_i \beta_j}}, j = 2,3,4 \end{cases} \qquad (4-6)$$

式中，i 为样本数，j 为因变量类别数。

本书在选取对照组时，由于 L-L 型城市数量最多，对于影响因素的判断更为准确，故将 L-L 型"韧性"城市选为对照组。对多元 Logit 模型进行似然比检验，最终模型和不含自变量只含常数项的模型相比，χ^2 值为 207.59，说明至少一个自变量系数不为 0，同时伪决定系数检验系数为 0.764，模型拟合良好，而且豪斯曼检验结果显示模型设定符合 IIA 假定，不同类别之间是相互独立的。进一步从回归结果（见表 4 - 10）可知，在显著性条件下，第三产业增加值占比高的城市更易成为 H-H 型城市，更具产业结构"韧性"。科技水平显著影响 H-H 型城市，而在其余"韧性"类型表现得并不明显，可能原因是，科技水平发展差异性较大，这也说明科技发展程度是双"韧性"城市的一个显著特征。劳动密集型产业、固定资产投资占比显著影响 H-L 型城市，劳动密集型产业集中的地区以及固定资产投资占比高的地区更易成为 H-L 型城市。资本密集型产业集中地区显著影响单一"韧性"城市，从回归系数上看，资本密集型高的地区更易成为 H-L 型"韧性"城市。

表 4 - 10　　　　　　　质量"韧性"城市类别影响因素分析

城市类型	变量	系数	标准误差	Z 统计值	P 值
H-H 型	固定资产投资占比	0.151	0.467	0.327	0.679
	第三产业增加值占比	1.231 ***	0.316	2.637	0.010
	科技水平	0.959 *	0.577	1.560	0.092
	劳动密集型产业	- 3.677	3.473	- 0.776	0.340
	资本密集型产业	0.915	0.518	1.515	0.137
H-L 型	固定资产投资占比	0.536 ***	0.147	3.201	0.001
	第三产业增加值占比	- 0.295	0.257	- 1.472	0.201
	科技水平	0.448	0.579	0.642	0.478
	劳动密集型产业	0.539 ***	0.161	3.179	0.001
	资本密集型产业	0.991 ***	0.174	5.095	0.000
L-H 型	固定资产投资占比	0.096	0.306	0.229	0.740
	第三产业增加值占比	0.655 **	0.286	2.417	0.030
	科技水平	0.268	0.717	0.230	0.871
	劳动密集型产业	- 1.095	1.152	- 0.877	0.442
	资本密集型产业	0.275 **	0.339	0.634	0.034

注：*** 、** 、* 分别表示系数在 1% 、5% 、10% 的显著性水平下显著。

为了更好地说明上述回归结果，结合上述分析作出如下具体解释。

属于 H-H 型的城市共 11 个，占总数的 4.04%，而且主要分布在东部地区，除廊坊市外，多以国家一线发达城市为主。其中廊坊市北邻北京市，东邻天津市，凭借着地理区位上的优势使得经济发展质量"韧性"在一定程度上接受两个中心级城市的辐射，跃升为经济发展质量"韧性"第一梯度。这些质量"韧性"型城市的金融业较为发达，产业结构上第三产业占比较大，而且高新技术型企业相对较多，科技创新等投入较高，科技进步对经济增长的拉动较为突出，同时城市虹吸效应明显，以致经济资源相对集中，经济发展相对较好。从 H-H 型城市的特征来看，它们在固定资产投资占比、劳动密集型产业均低于其余类型城市，而在科技人员比例、第三产业发展、资本密集型产业上均高于其余类型城市，科技人员比例上与其余类型间的差异较为明显。这种类型城市多数为我国"万亿俱乐部"的成员，在经济总量上的明显差距不能体现出实质性的差异，而科技创新上的差异才是 H-H 型城市与其余类型城市决定性的和本质性的区别。创新是驱动城市发展的核心动力，而创新能力提升的本质在于人力资本。双高型城市的科技创新人才占比份额是使其具有双重"韧性"的核心，科技创新型人才是现阶段乃至以后城市高质量发展的核心要素，也是从粗放式发展方式转向以科技创新为发展方式的关键。H-H 型城市在改革开放初期，第三产业发展主要以运输服务、商业饮食服务、居民服务为主要发展方向。这类服务业大多具有投资少、收效快、劳动力需求大等特点，这也是现阶段我国一些城市第三产业发展的主要方式。但是随着改革开放的不断深入、营商环境的不断优化，一些新兴产业不断涌现，例如金融业、商务服务业、文化创意产业、现代物流业、信息咨询、科技服务等行业，这使得 H-H 型城市实现从工业发展型城市转向服务型经济城市，率先实现以服务业为经济主导的产业结构。

属于 H-L 型的城市有 96 个，占总数的 35.29%，这类城市具有经济规模"韧性"，但缺乏产业结构规模"韧性"，其中主要以东、西部城市居多，东北部城市较少。东部城市经济发展比较优势明显，具有坚实的经济基础，城市居民的消费水平较高，能够较好地分散冲击带来的影响。相较于东部地区，其他地区的城镇化水平较低、农村民生工程和农业基础设施相对不够完善、公路铁路等交通设施不够发达，从而基础设施投资能有效地带动地区的经济发展，加上国家财政政策的倾斜，这些地区在面对金融危机时可以依赖基础设施建设来分散冲击风险。在产业结构方面，这类城市多以劳动密集型产业发展为主，其中制造业等新兴产业的比重相对较少，在应对经济冲击时，缺乏灵活性，工业从业人员的技术较为单一，行业内转移的难度较大，因此分散风险的能力较弱。从 H-L 型城市的特征来看，劳动密集型产业相对较多，相比较之下，科技创新能力和第三产业发展显得不那么突出。其中劳动密集型产业多集中在中西部地区，资本密集型产业多集中在东部地区。相较于 H-H 型城市来说，H-L 型城市在第三产业发展和科技创新上具有一定程度的差距，这也是产业结构面对冲击时展现出脆弱性的原因。产业结构的非合理化对于产业结构规模"韧性"的发展具有一定阻碍。

属于 L-H 型的城市有 16 个，占总数的 5.88%，这类城市具有结构"韧性"但不具备规模"韧性"，它们的产业比重中第三产业占比较高，创新投入的强度相对较高，在应对冲击时能有效地分散风险。但是该类城市缺乏主导性产业对经济增长的拉动，经济规模的增长乏力，不能有效应对经济冲击对经济规模的影响。L-H 型城市发展的中心主要集中在第三产业的布局上，对于科技创新的重视程度较高，但是由于现阶段处于第三产业的布局和初期发展阶段，产业发展对经济的带动作用有限，不能有效带动经济规模水平的提升。这类城市具有一定潜力成为双"韧性"的城市。第三产业的快速发展，对经济的带动作用逐步提升，有望实现产业结构规模、经济规模双向驱动，达到双"韧性"城市梯队。

属于 L-L 型的城市有 149 个，占总数的 54.78%。这类城市在结构和规模上均不具备"韧性"，而且城市的特征较为明显，属于资源密集型城市，在科技创新、资产投资、产业发展上均低于上述三种类型。这类城市的主导产业多为重工业，产业结构单一缺乏多元性，单一结构易形成"区域锁定"。而且，经济增长主要依赖重工业引导的粗放式增长，更加剧了冲击对经济发展质量的影响。

4.6　本章小结

本章在"韧性"理论的基础上，试图建立相关理论分析框架，测评我国 272 个地级市的"质"及其"韧性"、"量"及其"韧性"，分析我国区域经济发展质量及其"韧性"整体情况以及个体差异。研究发现，区域经济发展"质""量"存在一定程度的两极分化；进一步对经济高质量发展的影响因素进行分析，发现创新水平、人力资本积累、人口活力等因素对经济高质量发展具有显著的正向效应。对质量"韧性"的研究发现，2008 年经济冲击对我国地级市的经济规模、产业结构的发展路径产生的影响具有差异性，经济规模、产业结构发展好的城市受到的冲击较小；相反，经济规模、产业结构发展落后的城市受到冲击的影响程度较大。我国经济规模整体上受到冲击的影响要弱于产业结构受到冲击的影响，说明我国产业结构发展稳定性存在一定风险。从城市分布上看，经济"量"上具有"韧性"的城市较经济"质"上具有"韧性"的城市多，这点与冲击对经济规模、产业结构的影响程度基本吻合。对于两种"韧性"进行匹配，发现经济发展"质""量"具有双"韧性"的城市只有 11 个，而且主要集中在我国东部发达的城市，说明我国城市经济发展质量"韧性"程度总体不高，"质""量""韧性"总体有待提升。

鉴于此，为了有效应对冲击的影响，保持经济持续健康高质量发展，要做到善于化危机为动力，加快经济结构优化升级，提升科技创新能力，深化改革开放，优化营商环境，保证经济在合理区间运行。对于经济发展"质""量""韧性"存在不足的城市，要因城施策，按照创新、协调、绿色、开放、共享的新发展理念，变压力为加快推动高质量发展的动力。

第 5 章　区域高质量发展水平评价

本章在区域空间结构理论的基础上，以浙江省为例，基于经济、社会、环境三个维度建立高质量发展水平评价指标体系，分别从省域、市域、县域三个空间视角测度评价浙江省区域高质量发展水平。

5.1　高质量发展评价指标体系构建

5.1.1　评价指标体系的构建原则

科学构建高质量发展评价指标体系是推动实现高质量发展的关键环节，也是此次研究的关键所在。为客观、真实、准确反映不同时期、不同空间视角下的浙江省高质量发展水平，本书基于圈层结构理论、核心—边缘理论，考虑时间变化和空间结构关系，在构建高质量发展评价指标体系时遵循了以下原则。

1. 系统性

高质量发展是一个涉及多层面、多领域的复杂系统工程，它涵盖经济、社会、环境多方面内容，因此，在构建指标体系时本书从多角度综合考虑，评价指标的选取既相对独立，又存在一定关联。构建指标体系时既注意各子系统间的有机整合，也注重反映各个子系统间的内在联系，从系统的整体性出发，对高质量发展水平进行全面的综合评价。

2. 科学性

评价指标的选择要与评价目标相一致，指标体系的构建才具有科学性。本书指标的选取建立在相关理论研究的基础上，紧扣高质量发展内涵要义。指标体系繁简适当，因为过多的指标只会弱化真正重要指标的作用，并增加数据收集、处理的工作量；而如果指标过少过简，将出现信息遗漏，以致无法全面反映系统状况。

3. 可操作性

真实客观的数据是获得真实客观结果、保证结果科学性的前提，因此本书选取指标时充分考虑了数据的可获得性和可操作性。所选取指标的数据真实可靠，数据获取应较为容易，数据计算简单明了、可操作性强。

5.1.2 高质量发展评价指标体系构建

高质量发展关乎经济、社会及环境的全方位均衡发展，是更高质量、更有效率、更加公平、更可持续的发展。本章基于高质量发展内涵和新时代社会主要矛盾的两个方面，围绕高质量发展的更高质量、更有效率、更加公平、更可持续这四个要义，考虑空间结构关联和时间变化等角度，从经济、社会、环境三个维度构建高质量发展评价指标体系。在借鉴现有相关研究成果的基础上，遵循指标体系构建的系统性、科学性、数据的可获得性和可操作性原则，建立了包含经济、社会、环境三个子系统共 16 项指标构成的高质量发展评价指标体系，如表 5 – 1 所示。

表 5-1　　　　　　　　　　高质量发展评价指标体系

目标层	子系统层	准则层	指标层（单位）	衡量方式	属性
高质量发展	经济发展高质量	经济结构	产业结构合理化（X_1）	产业结构合理化指数	-
			产业结构高级化（X_2）	产业结构高级化指数	+
			外贸依存度（X_3）（%）	进出口总额÷GDP	+
		发展效率	人均地区生产总值（X_4）（元）	地区生产总值÷总人数	+
			社会劳动生产率（X_5）（元/人）	GDP÷全社会就业人数	+
		创新能力	每万人拥有专利授权数（X_6）（件）	专利授权数÷总人数	+
	社会民生高质量	民生改善	每千人拥有医疗卫生机构床位数（X_7）（张）	医疗卫生机构床位数÷总人数	+
			教育支出占财政支出比重（X_8）（%）	教育支出÷财政支出	+
			人均公共图书馆藏书量（X_9）（册/人）	公共图书馆图书藏量÷总人数	+
		社会公平	城乡居民收入比（X_{10}）	城镇居民人均可支配收入÷农村居民人均可支配收入	-
			社会保障和就业支出占财政支出比重（X_{11}）（%）	社会保障和就业支出÷财政支出	+
	生态环境高质量	节能减排	单位GDP电耗（X_{12}）（千瓦时/万元）	全社会用电量÷GDP	-
			工业废水排放强度（X_{13}）（吨/万元）	工业废水÷GDP	-
			单位GDP工业废气排放量（X_{14}）（吨/万元）	（工业二氧化硫+工业烟（粉）尘排放量）÷GDP	-
		绿色环保	建成区绿化覆盖率（X_{15}）（%）	建成区绿化覆盖面积÷建成区面积	+
			环境保护支出占财政支出比重（X_{16}）（%）	环境保护支出÷财政支出	+

注：表中"+"代表正向属性，"-"代表逆向属性。

1. 经济发展高质量

"质量第一、效益优先"是高质量发展的核心，创新是引领经济发展的第一动力，经济高质量发展水平侧重从经济结构、发展效率和创新能力三个层面反映，具体以产业结构合理化、产业结构高级化和外贸依存度三个指标反映经济结构优化，以人均地区生产总值和社会劳动生产率衡量经济发展效率，以每万人拥有专利授权数揭示创新能力。其中产业结构合理化指数和产业结构高级化指数参考干春晖（2011）文献中的计算方式，具体公式为：产业结构合理化指数 $= \left(\dfrac{Y_i}{Y}\right)\ln\left(\dfrac{Y_i}{L_i}\Big/\dfrac{Y}{L}\right)$，其中 Y 表示产值，L 表示就业人数，i 表示产业；产业结构高级化指数则用"第三产业产值÷第二产业产值"来衡量。

2. 社会民生高质量

社会民生高质量指标主要从民生改善和社会公平两方面考虑。增进民生福祉是发展的根本目的，医疗是民生之需，教育是民生之基，民生改善方面本书侧重从医疗卫生、教育及文化三大民生事业来反映，分别选取每千人拥有医疗卫生机构床位数、教育支出占财政支出比重和人均公共图书馆藏书量三个指标来衡量。此外，高质量发展一定是公平的发展。新时代我国社会主要矛盾已经转化为"人民日益增长的美好生活需要和不平衡不充分的发展之间的矛盾"，城乡、收入分配等领域发展不平衡问题突出，无法满足人民日益增长的社会公平需求。城乡居民收入分配公平是实现社会公平的重要体现，而社会保障是实现社会公平的调节器，对促进社会公平具有重要作用，所以本书用城乡居民收入比、社会保障和就业支出占财政支出比重两个指标来评估社会的公平性。

3. 生态环境高质量

良好的生态环境是经济社会持续健康发展的基础，保护生态环境是高质量发展的题中应有之义。生态环境质量从节能减排和绿色环保两个维度进行揭示，其中节能减排维度选取单位 GDP 电耗、工业废水排放强度和单位 GDP 工业废气排放量三个指标。单位 GDP 电耗可以反映能源的利用效率,工业废水排放强度和单位 GDP 工业废气排放量分别能在一定程度上衡量水污染程度和大气污染程度,同时还能揭示经济发展的环境代价。"既要金山银山,又要绿水青山",高质量发展应当是不以牺牲资源环境为代价谋求经济社会发展的发展。绿色环保方面则用建成区绿化覆盖率和环境保护支出占财政支出比重两指标来衡量,建成区绿化覆盖率能够反映城市环境质量,环境保护支出占财政支出比重则可以测度地方政府对环境保护的资金支持力度和重视程度。环境保护财政支出份额的提高对减少污染物排放、提升环境质量具有显著的效果(张凯强,2018),要打赢污染防治攻坚战、改善生态环境需要强有力的财政保障。

5.2 数据来源与研究方法

5.2.1 数据来源

本研究用于评价省域视角下浙江省高质量发展水平的 16 个评价指标数据主要来源于 2007~2020 年的《中国统计年鉴》和《中国环境统计年鉴》,少数缺失数据则根据各省份 2007~2020 年的统计年鉴补齐;市域、县域视角下浙江省高质量发展水平评价所需的地级市、县(市)数据则主要来源于 2007~2020 年的《浙江统计年鉴》和《浙江环境统计年鉴》及浙江省各地级市 2007~2020 年的统计年鉴,部分数据依照相关县(市)统计年鉴、国民经济和社会发展统计公报补齐。由于海南、西藏、青海三省份未公开 2016 年和 2017 年的工业废水、工业二氧化硫和工业烟(粉)尘的排放量,为保持数据的完整性和可比较性,以上三省份 2016 年和 2017 年的工业废水排放量、工业二氧化硫排放量和工业烟(粉)尘排放量在已知其 2016 年和 2017 年废水排放总量、二氧化硫排放总量和烟(粉)尘排放量的基础上,分别按照 2014 年和 2015 年三省份工业废水排放量占废水排放总量、工业二氧化硫排放占二氧化硫排放总量和工业烟（粉）尘排放量占烟（粉）尘排放总量的平均比例补齐。

5.2.2　测度方法

本章在圈层结构理论、核心—边缘理论等的基础上，采用熵权 TOPSIS 法测算不同空间视角下的浙江省高质量发展水平。熵权法是一种常用的客观赋权法，它根据各评价指标提供的信息确定其权重，不仅能客观体现决策时某项指标在指标体系中的重要程度，而且能突出反映指标权重随时间的变化状况，十分适用于探究时空动态变化（杜挺等，2014）。TOPSIS 法则通过比较各测度对象与最优方案、最劣方案的相对距离进行量化排序，具有计算简单、结果合理的优势。熵权 TOPSIS 法结合两者优点，可使结果更具客观性和合理性。因此，本章采用熵权 TOPSIS 法测度高质量发展水平，先通过熵权法确定各评价指标的权重，再利用 TOPSIS 法对高质量发展水平进行量化排序，其具体实施步骤如下：

（1）运用极差法对高质量发展水平评价指标体系中的各评价指标 X_{ij} 作标准化处理：

$$Y_{ij} = \begin{cases} \dfrac{X_{ij} - \min(X_{ij})}{\max(X_{ij}) - \min(X_{ij})}, X_{ij} \text{ 为正向指标} \\ \dfrac{\max(X_{ij}) - X_{ij}}{\max(X_{ij}) - \min(X_{ij})}, X_{ij} \text{ 为负向指标} \end{cases} \quad (5-1)$$

式中，i 表示区域，j 表示评价指标，X_{ij} 和 Y_{ij} 分别表示原始值和经过标准化处理后的值，$\max(X_{ij})$ 和 $\min(X_{ij})$ 分别表示 X_{ij} 的最大值和最小值。

（2）计算各评价指标的信息熵 E_j：

$$E_j = \ln \frac{1}{n} \sum_{i=1}^{n} \left[\left(Y_{ij} \Big/ \sum_{i=1}^{n} Y_{ij} \right) \ln \left(Y_{ij} \Big/ \sum_{i=1}^{n} Y_{ij} \right) \right] \quad (5-2)$$

（3）计算各评价指标的权重 w_j：

$$w_j = (1 - E_j) \Big/ \sum_{j=1}^{m} (1 - E_i) \qquad (5-3)$$

（4）构建加权矩阵 R：

$$R = (r_{ij})_{n \times m}, r_{ij} = w_j \times Y_{ij}(i = 1,2,\cdots,n; j = 1,2,\cdots,m) \qquad (5-4)$$

（5）根据加权矩阵 R 确定最优方案 Q_j^+ 和最劣方案 Q_j^-：

$$Q_j^+ = \max(r_{i1}, r_{i2}, \cdots, r_{im}), Q_j^- = \min(r_{i1}, r_{i2}, \cdots, r_{im}) \qquad (5-5)$$

（6）计算各方案与最优方案、最劣方案的欧氏距离：

$$d_i^+ = \sqrt{\sum_{j=1}^{m} (Q_j^+ - r_{ij})^2}, d_i^- = \sqrt{\sum_{j=1}^{m} (Q_j^- - r_{ij})^2} \qquad (5-6)$$

（7）计算高质量发展综合指数：

$$C_i = \frac{d_i^-}{d_i^+ + d_i^-} \qquad (5-7)$$

式中，C_i 值介于 $0 \sim 1$，C_i 值越大表明区域 i 的高质量发展水平越优，反之越差。

5.3 不同空间视角下浙江省高质量发展水平评价

5.3.1 省域视角

根据建立的高质量发展评价指标体系，运用熵权 TOPSIS 法（省级视角高质量发展评价指标权重见本书附录部分的附表1）综合评价 2007 ~ 2020年我国 31 个省（自治区、直辖市）的高质量发展水平，并进行排序。本章列举了 2007 年、2012 年及 2020 年 31 个省（自治区、直辖市）高质量发展综合指数及其相应排名，结果如表 5 - 2 所示。

表 5 - 2　　　　　　　我国 31 个省区市高质量发展综合指数

地区	2007 年		2012 年		2020 年		总体趋势	位序变化
	指数	排名	指数	排名	指数	排名		
北京	0.6195	2	0.7397	1	0.7324	1	↑	1
天津	0.4311	4	0.4272	6	0.4378	6	↑	-2
河北	0.1596	23	0.1769	18	0.2062	18	↑	5
山西	0.1672	19	0.1656	25	0.1820	28	↑	-9
内蒙古	0.1920	12	0.2347	12	0.2001	22	↑	-10
辽宁	0.2499	7	0.2704	8	0.2899	9	↑	-2
吉林	0.1875	13	0.2181	14	0.2013	21	↑	-8
黑龙江	0.1842	15	0.2263	13	0.2752	11	↑	4
上海	0.7593	1	0.6752	2	0.6977	2	↓	-1
江苏	0.3576	6	0.5181	3	0.4701	5	↑	1
浙江	0.3938	5	0.5052	4	0.4913	3	↑	2
安徽	0.1436	25	0.1757	19	0.1944	25	↑	0
福建	0.2348	8	0.2764	7	0.3192	7	↑	1
江西	0.1347	28	0.1691	23	0.2030	19	↑	9
山东	0.2069	9	0.2471	10	0.2874	10	↑	-1
河南	0.1430	26	0.1605	27	0.1988	23	↑	3
湖北	0.1610	21	0.1886	16	0.2316	15	↑	6
湖南	0.1399	27	0.1726	22	0.2245	16	↑	11
广东	0.4483	3	0.4409	5	0.4790	4	↓	-1
广西	0.1157	31	0.1234	31	0.1976	24	↑	7
海南	0.1770	18	0.2562	9	0.2710	12	↑	6
重庆	0.1839	16	0.2383	11	0.2965	8	↑	8
四川	0.1597	22	0.1784	17	0.2533	13	↑	9
贵州	0.1278	29	0.1302	30	0.2017	20	↑	9
云南	0.1207	30	0.1474	29	0.1821	27	↑	3
西藏	0.1772	17	0.1979	15	0.1367	31	↓	-14

续表

地区	2007 年		2012 年		2020 年		总体趋势	位序变化
	指数	排名	指数	排名	指数	排名		
陕西	0.1645	20	0.1756	20	0.2517	14	↑	6
甘肃	0.1589	24	0.1561	28	0.1787	29	↑	−5
青海	0.1984	11	0.1739	21	0.1682	30	↓	−19
宁夏	0.1872	14	0.1641	26	0.1894	26	↓	−12
新疆	0.1993	10	0.1680	24	0.2069	17	↑	−7
均值	0.2350	—	0.2612	—	0.2857	—	↑	—

　　表 5-2 显示,2007~2020 年我国绝大多数省份高质量发展综合指数总体呈上升趋势,且全国均值稳步增长,表明我国发展质量不断提升,高质量发展态势逐渐显现。从各省(自治区、直辖市)评价结果看,高质量发展综合得分最高的是北京、上海,研究期内始终位列前二,领跑全国。其次为浙江、广东、江苏、天津,高质量发展综合水平较高,排名较为稳定,一直雄踞全国前六。而广西、贵州、云南、西藏、甘肃、宁夏等地区则发展较为落后,基本在后十位徘徊。从区域分布看,位于东部地区的省份高质量发展水平普遍较高,排名靠前,而发展不理想、排名靠后的地区则大多位于我国西部,中国高质量发展水平存在较为明显的区域差异。并且从排序变化看,排名下降明显的多为西部省份,如西藏、青海、宁夏等,从原来的全国中游水平降至末位。其中西藏、青海排名的大幅下降源于其高质量发展水平的降低,相较于其他地区,以上两省份科技创新能力明显不足,产业结构不合理,开放程度不高,内生发展动力不足,严重制约其高质量发展水平的提升。而宁夏高质量发展水平在研究期间则基本保持稳定,但由于其他地区发展较快,高质量发展水平大幅度提高,以致其排名不断下降。此外,值得注意的是,虽然我国高质量发展水平逐年提高,发展向好,但 2020 年我国高质量发展综合水平均值仍仅为 0.2857,整体偏低,中国"质量强国"的建设道路依然任重道远。

　　研究发现,浙江高质量发展水平在全国名列前茅,且排名稳步上升,发展态势稳中向好。为更全面系统地认识浙江高质量发展情况，本章进一步结合经济、社会、环境三子系统得分进行深入研究，2007～2020年浙江各子系统发展水平如图5-1所示。

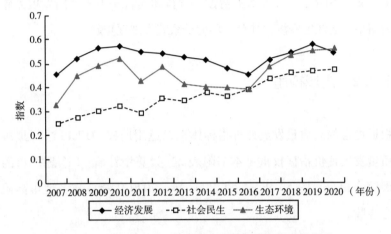

图5-1　2007～2020年浙江高质量发展各子系统得分

研究发现，2007～2020年经济子系统得分始终最高，是浙江高质量发展的主导支撑，这表明现阶段浙江高质量发展具有较强的经济属性。其次为环境子系统，生态环境指数在0.3269～0.5567范围内波动。社会子系统得分最低，说明浙江的社会民生发展水平有待进一步提升。从变动情况看，经济子系统呈现"上升—下降—上升"的复杂波动现象。2007～2010年浙江省经济发展逐年向好，经济发展指数不断攀升，且增幅较大，2010年达到历史最高值0.5711。随后经济出现小幅下滑，但经济高质量发展水平仍高于研究初期。2017年又开始有所回升，且攀升幅度明显，迎来新一轮上升期，2019年达到研究期内最高值0.5774。总体而言，研究期的14年以来浙江省经济发展稳中向好，经济运行质量和效益有所提高，浙江省推动经济迈入高质量发展成效初显。环境子系统的变化趋势和经济子系统的变化趋势基本一致，但波动幅度较之更大。而社会子系统则呈现出良好的发展势头，社会民生指数基本上逐年上升，从2007年的0.2458增至2020年的

0.4725，增幅高达92%，总体上升幅度最大。究其原因，这主要得益于浙江省始终坚持以民生为本，坚持发展为了人民，把"以人为本"理念贯穿始终，不断加大民生投入力度着力保障和改善民生；并大力发展社会事业，促进社会公平正义，不断提升人民幸福指数。就整体而言，子系统间发展差距随时间逐渐缩小，浙江省经济、社会、环境子系统发展逐步趋于协调。

5.3.2　市域视角

根据构建的高质量发展评价指标体系，运用熵权 TOPSIS 法（地级市视角高质量发展评价指标权重见本书附表 2）计算浙江省 11 个地级市的高质量发展综合得分，图 5 - 2 显示了 2007 年、2020 年浙江省各地市高质量发展综合指数。

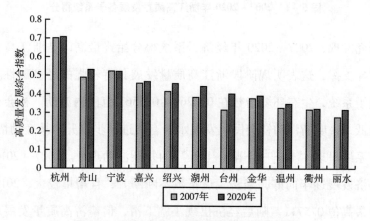

图 5 - 2　浙江省各地市高质量发展综合指数

图 5 - 2 显示，杭州高质量发展综合指数始终高居第一，遥遥领先其他地区。杭州是浙江省省会，是全省经济、政治、文化及科教中心，区位条件优越，各方面发展优势明显。其次为宁波、舟山两市，位列全省前三。第三梯队为嘉兴、湖州、绍兴，以上地区 2020 年高质量发展综合得分均在 0.4 以上，发展态势较好。紧随其后的是金华、台州，高质量发展综合指数

也有所上升。而温州、衢州和丽水三个地区则稍显落后，高质量发展水平相对偏低。其中，温州、衢州两市高质量发展水平较之 2007 年均略微有所下降，形势不容乐观，需引起高度重视。反之，丽水市虽常年排名末位，但高质量发展水平在逐渐上升，由 2007 年的 0.2766 增加至 2017 年的 0.3077，上升幅度位居浙江省第四，呈现出良好的发展态势。根据地理位置，将浙江省划分为两大区域：浙北地区包括杭州、宁波、嘉兴、湖州、绍兴以及以群岛设市的舟山，浙南地区包括温州、金华、衢州、台州和丽水。从区域分布来看，排名靠前的地级市全部位于浙江北部，浙北地区的高质量发展水平明显高于浙南地区，浙江省市域高质量发展存在明显的区域差异。这主要是由于当前阶段浙江省高质量发展仍具有较强的经济属性，而浙北地区原有经济基础较好，地理位置也相对优越，经济发展相较于浙南地区普遍更为发达。相比 2007 年，2020 年除杭州、宁波、温州、衢州四市外，其他地区高质量发展综合得分均有所提高，表明虽然研究期内各地市高质量发展进程存在差异，但整体高质量发展水平在上升，总体来看浙江省市域高质量发展态势向好。

5.3.3　县域视角

县域作为国民经济和社会发展的基本单元，对浙江省推进高质量发展的重要性不言而喻。受撤县设市政策影响，2012 年后浙江省行政区划调整较为频繁，如：2013 年绍兴县、上虞市归入绍兴市辖区；2014 年富阳市整市改区，归入杭州市辖区；2015 年隶属温州的洞头县撤县设区；2016 年设立宁波市奉化区；2017 年县级市临安撤市改区，归入杭州市辖区。考虑到数据的可获得性、完整性及可比较性，本书以浙江省 2012 年的行政区划为准，选取 58 个县域为研究对象，用划分为区的数据代替原来县（市）数据，行政区划分如表 5-3 所示。

表5-3　　　　　　　　　　　　　浙江省行政区划

地级市	县（市）
杭州市	富阳市、临安市、建德市、桐庐县、淳安县
宁波市	余姚市、慈溪市、奉化市、象山县、宁海县
温州市	瑞安市、乐清市、洞头县、永嘉县、平阳县、苍南县、文成县、泰顺县
嘉兴市	平湖市、海宁市、桐乡市、嘉善县、海盐县
湖州市	德清县、长兴县、安吉县
绍兴市	诸暨市、上虞市、嵊州市、绍兴县、新昌县
金华市	兰溪市、东阳市、义乌市、永康市、武义县、浦江县、磐安县
衢州市	江山市、常山县、开化县、龙游县
舟山市	岱山县、嵊泗县
台州市	温岭市、临海市、玉环县、三门县、天台县、仙居县
丽水市	龙泉市、青田县、云和县、庆元县、缙云县、遂昌县、松阳县、景宁自治县

　　根据构建的高质量发展评价指标体系，运用熵权 TOPSIS 法（县域视角高质量发展评价指标权重见本书附表3）计算 2007～2020 年浙江省 58 个县（市）高质量发展综合指数，并进行排序。表5-4 列举了 2007 年、2012 年和 2020 年浙江省各县（市）高质量发展综合指数。

表5-4　　　　　　　　　浙江省各县市高质量发展综合指数

地区	2007 年	2012 年	2020 年	地区	2007 年	2012 年	2020 年
富阳市	0.3384	0.3120	0.3225	绍兴县	0.5890	0.3571	0.4001
临安市	0.3097	0.3395	0.3117	新昌县	0.2851	0.2807	0.4327
建德市	0.2570	0.2583	0.3237	兰溪市	0.2168	0.1765	0.2285
桐庐县	0.3705	0.3139	0.3618	东阳市	0.2874	0.2753	0.2938
淳安县	0.3334	0.1801	0.3415	义乌市	0.4813	0.4172	0.4265
余姚市	0.4632	0.4526	0.3282	永康市	0.4719	0.3467	0.3414
慈溪市	0.4733	0.4388	0.3116	武义县	0.4257	0.2744	0.3362
奉化市	0.3803	0.2880	0.2917	浦江县	0.2833	0.2347	0.3019
象山县	0.2794	0.2374	0.2918	磐安县	0.2430	0.2029	0.2754
宁海县	0.3284	0.2493	0.2877	江山市	0.2512	0.1940	0.2367
瑞安市	0.2780	0.2240	0.3104	常山县	0.2455	0.1784	0.2544

续表

地区	2007 年	2012 年	2020 年	地区	2007 年	2012 年	2020 年
乐清市	0.2921	0.2222	0.2557	开化县	0.2762	0.1921	0.4276
洞头县	0.4172	0.2937	0.4509	龙游县	0.2535	0.1890	0.2339
永嘉县	0.1819	0.1634	0.2262	岱山县	0.3470	0.3018	0.3204
平阳县	0.2521	0.1943	0.2292	嵊泗县	0.3732	0.5641	0.4815
苍南县	0.2478	0.1687	0.2664	温岭市	0.2953	0.2381	0.2919
文成县	0.3430	0.2924	0.3743	临海市	0.3059	0.2170	0.4231
泰顺县	0.2961	0.2187	0.3155	玉环县	0.4131	0.3818	0.3005
平湖市	0.4263	0.3428	0.3417	三门县	0.2239	0.1856	0.2762
海宁市	0.3752	0.3637	0.4105	天台县	0.2546	0.2021	0.3861
桐乡市	0.3671	0.3703	0.3896	仙居县	0.2263	0.1806	0.3325
嘉善县	0.4410	0.3419	0.3435	龙泉市	0.2793	0.1631	0.2565
海盐县	0.3538	0.3672	0.3654	青田县	0.1521	0.1289	0.2037
德清县	0.3714	0.3163	0.3262	云和县	0.4155	0.2478	0.3862
长兴县	0.3425	0.2760	0.3614	庆元县	0.2359	0.1255	0.2607
安吉县	0.4048	0.3376	0.4625	缙云县	0.2017	0.1651	0.2424
诸暨市	0.3547	0.2636	0.3177	遂昌县	0.2547	0.1567	0.2599
上虞市	0.2969	0.2872	0.3125	松阳县	0.2385	0.1854	0.2417
嵊州市	0.2974	0.2216	0.3094	景宁自治县	0.2524	0.1769	0.3062

由表 5 - 4 可知，研究期内浙江省绝大多数县（市）高质量发展综合指数在 0.2 ~ 0.4 范围内，2020 年仅有 29 个县（市）高质量发展水平在平均水准之上，不到总样本量的一半，表明浙江省县域高质量发展整体水平较低，还有很大的提升空间。2007 年高质量发展水平位于前十的是绍兴县、义乌市、慈溪市、永康市、余姚市、嘉善县、平湖市、武义县、洞头县和云和县，其中义乌市排名稳定，始终位列前十。安吉、嵊泗两县则排名直线上升，分别从研究初期的第 12 位、第 15 位跃升至全省前二（研究末期嵊泗县排名第一、安吉县排名第二），高质量发展成效显著。余姚、慈溪、平湖三市变化尤为显著，从原来的全省前七降至省内中游位置，究其原因，主要是由于随着经济的不断发展，生态环境保护对高质量发展的重要性日

益凸显,这三市虽经济发展强劲,经济高质量发展水平名列前茅,但生态环境指数却不高,环境保护力度稍显不足,以致高质量发展综合得分不断下降。高质量发展排名靠后的县(市)则变化不大,研究期间永嘉县、兰溪市、常山县、青田县、庆元县以及缙云县始终在后十位徘徊。值得一提的是,研究末期浙江省全部县(市)高质量发展综合得分均高于0.2,"低分"县市成功清零,表明浙江省县域高质量发展渐显成效。然而,高分县(市)数量依然太少,屈指可数。2017年浙江省只有7个县(市)高质量发展综合得分大于0.4,其中又仅有嵊泗县和安吉县高于0.45;2020年也仅有9个县(市)综合得分高于0.4,其中嵊泗县、安吉县和洞头县高于0.45。浙江省推动县域高质量发展依然任重道远。

5.4 本章小结

本章在区域空间结构理论的基础上,试图从经济、社会、环境三个维度建立分析框架,分别从省域、市域、县域三个空间视角分析测度评价浙江省区域经济高质量发展水平,并得到以下结论:

(1)省域视角。研究期内全国绝大多数省份高质量发展综合指数总体呈上升趋势,且全国均值稳步增长,表明我国发展质量不断提升。进一步研究发现,浙江省高质量发展水平在全国名列前茅,且全国排名稳步上升,发展态势稳中向好。从经济、社会、环境三个维度看,浙江省经济运行质量和效益有所改善,浙江省推动经济迈入高质量发展成效初显。环境子系统的变化趋势和经济子系统的变化趋势基本一致,但波动幅度较之更大。而社会子系统则呈现出良好的发展势头,社会民生指数基本在逐年上升。

(2)市域视角。研究期内浙江省各地市高质量发展进程存在差异,但整体高质量发展水平在上升,总体来看浙江省市域高质量发展态势向好。具体来看,杭州市高质量发展综合指数始终遥遥领先其他地区。2020年高质量发展综合指数高于 0.4 的城市依次是舟山、宁波、嘉兴、湖州和绍兴，发展态势总体较好。金华、台州、温州和衢州四市，2020 年高质量发展综合指数较 2007 年均有一定程度上升。而研究期内，丽水市高质量发展综合指数总体偏低，但呈现较好的上升态势。

（3）县域视角。从高质量发展综合指数来看，研究期内绝大多数县（市）指数在 0.2~0.4 范围内。2020 年浙江省全部县（市）高质量发展综合得分均高于 0.2，"低分"县（市）成功清零，表明浙江省在推进县域高质量发展上已初见成效。但指数高分县市数量依然太少，研究末期仅有 9 个县（市）高质量发展综合得分大于 0.4，最高的嵊泗县为 0.4815，这表明浙江省推动县域高质量发展之路依然任重道远。

第6章　区域高质量发展情境
动态演化评价

第5章已基于省级、市级、县级三个空间视角对浙江省高质量发展水平进行了综合评价。为更全面地反映 2007～2020 年间浙江省高质量发展全貌，本章将在上述研究基础上，进一步运用核密度估计、马尔可夫链和探索性空间数据分析等定量分析方法研究浙江省各地市、县（市）高质量发展水平在时间、空间上的动态演化，以期能更多维度、更客观、更全面展现浙江省高质量发展情况，这对浙江省缩小区域差距，促进区域协调具有一定的参考价值。

6.1　研究方法

6.1.1　核密度估计

核密度估计是一种用于估计未知密度函数的非参数检验方法，它能够用连续的密度曲线描述随机变量的分布形态，通过曲线波峰的位置、数量、宽度等反映变量的分布特征及演变趋势。其计算公式为：

$$f(x) = \frac{1}{nh} \sum_{i=1}^{n} k\left(\frac{x - x_i}{h}\right) \qquad (6-1)$$

式中，$f(x)$ 为核密度估计值；$k(\,\cdot\,)$ 表示核函数形式，满足 $k(x) \geqslant 0$ 且 $\int_{-\infty}^{+\infty} k(x)\,\mathrm{d}x = 1$；$n$ 为研究样本数量；$h > 0$ 为带宽。

现有相关研究表明，核函数的选择对分析结果的影响较小，故本章选择最为常用的高斯核函数 $k(x) = \dfrac{1}{\sqrt{2\pi}}\mathrm{e}^{\left(-\frac{x^2}{2}\right)}$ 进行估计。而带宽是定义平滑量大小的自由参数，直接关系到核密度估计的精度和核密度图形的平滑程度。带宽越大，密度函数曲线越平滑，但估计精度会降低；带宽减小，估计精度虽有提高，但曲线平滑度也随之下降，由此选择一个合适的带宽是核密度分析的关键所在。本章采用常用的 Silverman 拇指法则经验公式 $h = 1.06\sigma n^{-\frac{1}{5}}$ 来确定核密度分析的最优带宽，该法以均方误差（MSE）为衡量指标，认为均方误差最小时的带宽即为最优带宽，其中 σ 表示样本标准差，n 为样本总数。

6.1.2　马尔可夫链

马尔可夫链（Markov chain），即时间、状态均为离散的马尔可夫过程。该法通过划分研究变量的发展状态，构造转移概率矩阵来分析变量的内部动态变化。

设 $\{X(t), t \in T\}$ 为一个随机过程，$T = \{0, 1, 2, \cdots\}$，且存在有限状态空间 I，为随机变量 X 对应的状态数。若随机变量 X 在 $t+1$ 时期处于 j 状态的概率只取决于其在 t 时期所对应的 i 状态，即满足条件：

$$P(X(t+1) = j \,|\, X(t) = i, X(t-1) = i_{t-1}, \cdots, X(0) = i_0)$$
$$= P(X(t+1) = j \,|\, X = i) \tag{6-2}$$

则称 $\{X(t), t \in T\}$ 为马尔可夫过程，具有马尔可夫性（无后效性）。

状态转移，即随机变量从一种状态转变为另一种状态。状态转移概率 p_{ij}，顾名思义，即表示随机变量从状态 i 转变为状态 j 的概率。若将随机变量的发展状态划分为 I 类，则所有状态转移概率 p_{ij} 可组成 $I \times I$ 维状态转移概率矩阵 P。状态转移概率 p_{ij} 可以通过极大似然法确定，计算公式为：

$$p_{ij} = \frac{n_{ij}}{n_i} \qquad (6-3)$$

式中，n_{ij} 表示考察期内所研究变量从第 i 种状态转变为第 j 种状态出现的次数，n_i 表示第 i 种状态出现的总次数。

6.1.3　探索性空间数据分析

探索性空间数据分析（exploratoty spatial data analysis，ESDA）是衡量自然或社会经济现象空间关联性的重要方法，它可识别空间异常和空间集聚状况，包括全局空间自相关和局部空间自相关两种测度方法（靳诚、陆玉麒，2009）。为有效揭示浙江省高质量发展水平空间格局，本章对浙江高质量发展水平进行全局自相关和局部自相关分析。

（1）全局空间自相关。即分析某一属性值在整个研究区域上的空间分布特征，通常可用全局 Moran's I 指数来衡量，其计算公式为：

$$I = \frac{\sum\limits_{i=1}^{n} \sum\limits_{j=1}^{n} W_{ij}(X_i - \overline{X})(X_j - \overline{\overline{X}})}{S^2 \sum\limits_{i=1}^{n} \sum\limits_{j=1}^{n} W_{ij}} \qquad (6-4)$$

式中，X_i、X_j 为区域 i、j 的高质量发展综合指数，$\overline{X}$ 表示均值，W_{ij} 为空间权重矩阵，S^2 表示样本方差。

Moran's I 指数介于 $-1 \sim 1$。当 Moran's I 指数大于 0，表明存在空间正相关的集聚效应；小于 0 时，表示具有空间负相关的集聚效应；越接近 -1 或 1，表明集聚程度越高；当 Moran's I 指数为 0 时，表示不存在空间自相关。

（2）局部空间自相关。全局空间自相关分析主要从整体上揭示事物的空间依赖性，无法识别浙江高质量发展水平的具体空间集聚类型及其集聚位置，因此有必要进行局部自相关分析，常用局部 Moran's I 指数来衡量，公式如下：

$$I_i = \frac{(X_i - \overline{X})}{S^2} \sum_{j=1}^{n} W_{ij}(X_j - \overline{X}) \tag{6-5}$$

式中，I_i 即局部 Moran's I 指数，其他符号含义及指数意义同全局 Moran's I 指数。

在实际研究中，常用以局部 Moran's I 指数为基础的 Moran 散点图和 LISA 集聚图来表征区域间的空间关联性。Moran 散点图横轴为不同区域的观测值，纵轴表示该观测值的空间滞后，四个象限分别对应四种不同的局部空间关联模式：第一象限为高 - 高（H - H）空间关联模式，表示观测值高的区域周围也是高值区域；第二象限为低 - 高（L - H）模式，即低观测值区域周围为高值区域；第三象限为低 - 低（L - L）集聚模式；第四象限为高 - 低（H - L）集聚模式。Moran 散点图的优势在于可识别出全局空间中主要存在哪几种集聚模式，而 LISA 集聚图则结合 LISA 显著性水平和 Moran 散点图，能帮助进一步判断各地区空间关联模式是否在统计意义上显著。

6.2　浙江省高质量发展总体时间动态演化特征

6.2.1　地级市视角

根据前文计算所得的浙江省 11 个地级市高质量发展综合得分，运用核密度估计，借助 Stata 14 软件计算 2007～2020 年浙江省市域高质量发展水平的核密度分布。

根据计算结果，相比 2007 年，2012 年浙江省市域高质量发展水平核密度曲线整体略微左移，波峰所对应的高质量发展综合指数值有所减小。2020
年曲线则向右大幅度偏移，甚至超过 2007 年位置的最右侧，增速明显，
2007~2020 年浙江省市域高质量发展水平呈现出先下降后上升的变化趋势，
但总体在波动中上升。这可能是由于环境治理对高质量发展的影响存在时
间滞后效应（石华平、易敏利，2020），环境治理对高质量发展的促进作用
并非立竿见影，短期内甚至会阻碍高质量发展。但长期的环境治理与高质
量发展存在明显的正相关关系，能促进高质量发展，实现经济发展与环境
保护的双赢。前期浙江省为实现绿色发展，转变经济发展方式，淘汰落后
产能，一定程度上抑制了高质量发展。加之环境保护的绿色效应对高质量
发展的影响还不明显，因此导致 2007~2012 年浙江省市域高质量发展水平
不升反降。2012 年以后，环境治理绿色效应对高质量发展的促进作用逐渐
显现，同时经济结构有所优化，产业提质增效，高质量发展水平开始回升。
此外，2012 年以来各地政府对环境保护治理的重视程度较之以往明显加强，
大幅增加环境保护资金投入，提高环保支出比重，为绿色发展再添"一把
火"，加快推进区域高质量发展，2020 年浙江全省市域高质量发展水平总体
提升。从核密度分布形状上看，波峰数量始终保持不变，仅有 1 个，说明研
究期内一直未有极化现象出现。相比 2007 年、2012 年波峰更为平缓，波宽
有所增大且波峰高度下降，高质量发展水平的分布更为分散，区域差距有
所扩大。2020 年宽度较之 2012 年则明显变窄，核密度曲线峰值更高，波峰
更为陡峭。可见地级市间的高质量发展水平差距虽有波动，但总体呈缩小
趋势。

6.2.2 县域视角

针对县域视角，本书同样运用核密度估计，借助 Stata 14 软件计算 2007~
2020 年浙江省 58 个县（市）高质量发展水平的核密度分布。从计算结果
看，相比 2007 年，2012 年浙江省县域高质量发展水平核密度曲线整体左

移，高质量发展水平有所下降。与 2012 年相比，2020 年核密度曲线中心则向右偏移，偏移幅度与前期左移幅度基本相同，曲线中心位置最终与 2007 年基本一致，这表明 2007～2020 年浙江省整体县域高质量发展水平未有明显提升。从形态上看，研究期间核密度曲线始终呈单峰分布，说明浙江省县域高质量发展一直未有极化现象发生。相较于 2007 年，2012 年曲线宽度区间没有明显变化，区域差异变化不明显。而 2020 年与 2012 年相比波峰高度明显上升，波宽大幅度变窄，表明研究期间浙江省县域高质量发展区域差异在逐渐缩小。此外，研究发现，2007 年和 2012 年核密度曲线均存在较明显的右拖尾现象，说明在这期间浙江省高质量发展高水平县（市）占比较小，低水平县（市）数量明显偏多。

6.2.3 两种视角比较分析

对比地级市视角和县域视角的高质量发展水平核密度分布，不难发现，2007～2020 年以上两个视角的高质量发展水平动态变化大体相同：研究期间核密度曲线移动均呈现出先左移后右移的变化趋势，区域高质量发展水平先下降后上升。波峰数量始终保持 1 个，未出现极化现象。波峰高度总体上升，波宽趋于变窄，地区间差距总体呈缩小态势。与此同时，两者也存在一定差异：与市域高质量发展水平核密度曲线呈现明显右移相比，县域高质量发展水平的核密度分布曲线中心位置较之研究初期基本没有变化。这主要是由于 2007～2012 年县域高质量发展水平核密度曲线较之地级市向左偏移幅度更大，下降速度更快。而后期两者右移幅度则基本相等，增速基本相同，以致虽均表现为先向左移后右移的变动趋势，研究末期浙江省各地级市高质量发展水平整体有所提高，但县域高质量发展水平却未有明显提升。

6.3 浙江省高质量发展内部动态演化特征

核密度估计从整体上考察了浙江省地级市视角和县域视角的高质量发展动态变化，但无法探明其内部动态演化特征。为弥补这一不足，本章进一步运用马尔可夫链考察浙江省市域、县域高质量发展水平动态演化的路径和概率，以揭示不同空间维度下浙江省高质量发展水平的内部特征和动态变化。

6.3.1 地级市视角

本书借鉴孟德友等（2014）、闫涛等（2019）在进行类似研究时的等级划分标准，将浙江省 11 个地级市按照其历年高质量发展综合得分的平均值划分为四个等级：（1）低水平地市，高质量发展综合得分低于平均水平的50%；（2）较低水平地市，高质量发展综合得分介于平均水平的 50% ~ 100%；（3）较高水平地市，高质量发展综合得分介于平均水平的 100% ~ 150%；（4）高水平地市，高质量发展综合得分高于平均值150%。2007 ~ 2017 年浙江省地级市高质量发展水平类型基于马尔可夫链的转移概率矩阵如表 6 −1 所示。

表 6 −1　　　　浙江省地级市高质量发展水平类型马尔可夫矩阵

类型	1	2	3	4	n_i
1	0.500	0.500	0	0	4
2	0.028	0.871	0.101	0	52
3	0	0.120	0.836	0.044	46
4	0	0	0.250	0.750	9

表 6 - 1 中表头和第 1 列的 1、2、3、4 表示质量发展水平等级，依次为低水平、较低水平、较高水平和高水平。n_i 为研究时段内出现 i 类型的总次数，矩阵中对角线上的元素表示地级市高质量发展水平类型未发生转移的概率，反映了浙江省市域高质量发展分布状态的稳定性。非对角线上的元素表示地市高质量发展水平类型发生转移的概率，如矩阵中第三行第二列的 0.120 表示在 t 年份高质量发展处于较高水平的地市，在 $t+1$ 年份有 12.0% 的可能性下降到较低水平。

根据表 6 - 1 可以看出：（1）除类型 1 外，对角线上的概率值远大于非对角线的概率值，其值在 0.750 ~ 0.871 之间波动，即研究期内高质量发展水平在平均水准之上的地市保持原有发展状态的可能性至少为 75%，各地市在高质量发展进程中维持原有状态的稳定性较强。（2）矩阵中非对角线上的非零概率值均位于对角线相邻两侧，跨类型转移的概率全部为 0，这说明浙江省地级市类型转移以就近转移为主，即在连续的两个年份，各地市高质量发展水平类型只能向上一级或下一级类型转移，难以实现跨越式发展。（3）上对角线的元素值之和（0.645）比下对角线的元素值之和（0.398）大，地级市高质量发展水平类型向上一级转移的概率大于向下一级转移的概率，这表明 2007 ~ 2020 年浙江省市域高质量发展总体呈现出向上发展的良好趋势，高质量发展水平在逐渐提升。

6.3.2 县域视角

浙江省各县（市）高质量发展水平等级划分方法同地级市相同，以其历年高质量发展综合得分平均值的 50%、100% 以及 150% 为分界点，将 58 个县（市）划分为低水平、较低水平、较高水平和高水平 4 种类型。表 6 - 2 为 2007 ~ 2020 年浙江省县域高质量发展水平类型的马尔可夫转移概率矩阵。表中表头和第 1 列的 1、2、3、4 表示质量发展水平等级，依次为低水平、较低水平、较高水平和高水平。

表6-2　　　　浙江省县（市）高质量发展水平类型的马尔可夫矩阵

类型	1	2	3	4	n_i
1	0.544	0.456	0	0	14
2	0.024	0.792	0.181	0.003	321
3	0	0.260	0.652	0.088	210
4	0	0	0.529	0.471	46

由表6-2可得：（1）除类型4外，大体上表现为对角线上的概率值大于非对角线上的概率值，说明浙江省县域高质量发展水平的分布状态总体较为稳定，不同高质量发展水平间的流动性较差，浙江省各县（市）高质量发展存在较大的惯性。尤其是高质量发展处于较低水平的县域，不发生转移的概率高达80.4%，这些地区要突破由路径依赖产生的"锁定效应"，提升高质量发展水平向更高水平进阶具有较大难度，需引起高度重视。（2）58个县（市）在研究期间内仅出现过一次跨级转移（321×0.003），转移大多发生在相邻类型之间，这说明提升高质量发展水平是一个持续、渐进的过程，短期内跨越式发展很难实现。其中低水平和较低水平的县（市）更倾向于向高水平转移，两种类型向上转移的概率分别为45.6%和18.1%。反之，较高水平和高水平的县（市）则更倾向于向下一级水平转移，区域差异呈现缩小态势。（3）县域高质量发展水平类型向下转移的概率（0.813）大于向上转移的概率（0.728），这主要是由于高水平类型的稳定性较弱，初始年份为高水平的县（市）在随后年份更倾向于向较高水平转移，仍处于高水平的可能性仅为47.1%。"骄兵必败"，高水平县（市）绝不能因其站在更高的发展起点而放松警惕。推动高质量发展是一个长期的、动态的过程，以上类型的县（市）应在保持原有水平的基础上着力补齐短板，不断提升高质量发展水平，以稳步迈入高质量发展轨道。

6.3.3 两种视角比较分析

通过比较分析浙江省市域、县域高质量发展水平类型的马尔可夫转移概率矩阵，发现两者存在明显的共同之处：（1）浙江省市域、县域的高质量发展均存在较为明显的路径依赖性，保持原有发展状态的稳定性较强。且不发生状态转移的概率都呈现出"中间稳定两头较弱"的特征，即相较于低水平和高水平地区，较低水平和较高水平地区的高质量发展保持原有水平的稳定性更强。（2）无论是地级市还是县（市），跨级转移的情况都几乎不存在，跨越式发展在短期内难以实现。较高水平地区向下转移的概率均大于向上转移的概率，反之，较低水平类型则呈现出向上转移的良好势头，更倾向于向高一级水平转移，区域差异有缩小趋势。与此同时，也显示出一些差异性特征：较高水平和高水平县（市）维持原有发展状态的稳定性明显低于同类型的地级市，浙江省内市域高质量发展水平的分布状态相较于县域整体更为稳定；地级市高质量发展水平类型向上转移的概率大于向下转移的概率，市域高质量发展态势总体向好。而县（市）则恰好相反，高质量发展水平向更高水平转移的概率要小于向下转移的概率，形势不容乐观。

6.4 浙江省高质量发展空间格局演进分析

6.4.1 地级市视角

根据全局空间自相关分析方法，以 2007～2020 年浙江省各地市的高质量发展综合指数为特征量，选择空间邻接 rook 权重矩阵（设置舟山市与宁波市为邻），借助 GeoDa 软件分别计算 2007～2020 年浙江省市域高质量发展水平的全局 Moran's I 指数、Z(I) 值和 P 值，结果见表 6-3。

表 6 – 3　　　　　　　　浙江省市域高质量发展全局 Moran's I 指数

年份	Moran's I	Z(I)	P 值
2007	0. 1616	1. 3202	0. 107
2008	0. 3722	2. 2017	0. 019
2009	0. 0807	0. 9448	0. 173
2010	0. 4415	2. 5078	0. 009
2011	0. 1441	1. 1519	0. 132
2012	0. 3819	2. 3163	0. 015
2013	0. 4398	2. 5151	0. 009
2014	0. 3370	2. 1500	0. 022
2015	0. 2466	1. 6547	0. 062
2016	0. 2525	1. 7629	0. 051
2017	0. 1840	1. 3973	0. 091
2018	0. 1946	2. 1055	0. 005
2019	0. 2025	1. 9368	0. 054
2020	0. 1877	1. 6684	0. 007

表 6 – 3 显示，2007 ～ 2020 年浙江省地级市高质量发展水平的全局 Moran's I 指数均为正值，并且除 2007 年、2009 年和 2011 年以外，均通过 10% 显著性水平检验，这表明浙江省市域高质量发展存在一定的空间正相关性，研究期内空间集聚现象总体较为明显。具体来看，2007 ～ 2012 年全局 Moran's I 指数呈现先升后降的起伏波动，但总体在波动中上升，市域高质量发展的空间集聚效应有所增强。其中 2009 年 Moran's I 指数最小，仅为 0.0807，浙江省各地级市在该时期空间关联性最弱，高质量发展水平在空间上趋于随机分布，这可能是受到 2008 年世界金融危机的影响。浙江位于我国东部沿海，对外开放程度较高，进出口贸易在经济发展中占据着重要位置。2009 年受全球金融危机影响，浙江省进出口贸易遭受到较大打击。由于地理位置和产业基础不同，浙江省内各地市经济发展遭受金融危机的影

响程度不同，外向型经济发达的城市，受冲击相对更大，进而影响其高质量发展水平，导致地区间高质量发展水平正相关性急剧减弱。2013 年后，全局 Moran's I 指数呈现稳步下降趋势，各地市高质量发展集聚态势不断减弱。2017 年 Moran's I 指数下降至 0.1840，之后年份 Moran's I 指数微幅上升，2020 年 Moran's I 指数为 0.1877，相较于 2007 年的 0.1616 仍有所提升，表明研究期内浙江省市域高质量发展水平的空间集聚程度虽呈现出先上升后下降的变化趋势，但总体有所增强。

全局空间自相关分析能够从整体上揭示浙江省市域高质量发展的空间分布格局，但无法帮助识别具体空间集聚类型及其集聚位置。基于此，本章进一步对浙江省各地市高质量发展水平进行局部空间自相关性分析。研究发现，2007 年浙江省市域高质量发展主要呈现高-高集聚和低-低集聚特征，其中高-高集聚区分布在浙江北部，包括杭州、绍兴和舟山，低-低集聚区则位于浙南地区，市域高质量发展呈现出"北高南低"的空间分布格局，空间分异较为明显。2012 年各地市集聚模式仍以空间正相关类型（高-高、低-低）为主导，与 2007 年相比空间集聚性有所增强。衢州、绍兴两市因其自身高质量发展水平的下降，集聚类型分别从低-高集聚、高-高集聚演变为低-低集聚、低-高集聚，表现出低-低集聚特征的地市由 3 个增加到 4 个。而湖州市则随着高质量发展水平的提升，从原来的"低-高集聚"空间关联模式向"高-高集聚"演变。除以上地区，其他区域的空间关联类型保持不变。与 2012 年相比，2020 年浙江省市域高质量发展整体空间分布格局变化较为明显，但相较于 2007 年变化不大，仅有宁波市从高-低集聚类型变为高-高集聚类型。

总体而言，2007~2020 年浙江省市域高质量发展空间关联格局并未随时间的推移而发生显著性变化，这也与全局 Moran's I 指数的变化趋势相吻合。就空间关联类型的显著性而言，绝大多数地市空间关系不显著，仅有温州、丽水两市为显著的低-低集聚类型，这说明高水平地区对周围地区的辐射带动作用尚未体现，各地区之间的联系有待加强。

6.4.2 县域视角

县域视角研究依然使用全局空间自相关分析方法，运用 GeoDa 软件对浙江省 58 个县（市）的高质量发展综合指数进行单变量 Moran's I 空间分析，其中空间权重选择空间邻接 rook 权重矩阵（设置洞头县与玉环县相邻，岱山县与嵊泗县相邻）。分析计算所得的 2007～2020 年浙江省县域高质量发展水平全局 Moran's I 指数及其 Z(I) 值、显著性水平 P 值，如表 6 - 4 所示。

表 6 - 4　　　　　　浙江省县域高质量发展全局 Moran's I 指数

年份	Moran's I	Z(I)	P 值
2007	0.3442	3.3931	0.002
2008	0.4710	4.4892	0.001
2009	0.5655	5.2272	0.001
2010	0.5364	4.9907	0.001
2011	0.5151	4.8572	0.001
2012	0.5131	4.7847	0.001
2013	0.4802	4.4609	0.001
2014	0.3104	3.0971	0.001
2015	0.5536	5.2859	0.001
2016	0.2046	2.1240	0.017
2017	0.1510	1.5713	0.053
2018	0.1522	1.5975	0.001
2019	0.1505	1.5912	0.001
2020	0.1495	1.5437	0.001

由表 6 - 4 可知，2007～2020 年浙江省县域高质量发展全局 Moran's I 指数全部大于零，且全部通过 10% 显著性水平检验，这表明研究期内浙江省县域高质量发展存在显著的空间集聚效应。从变动趋势看，县域高质量发展整体空间分布格局演变大致可以分为两个阶段：2007～2009 年，Moran's I 指数逐年增大，说明在此期间高质量发展水平相近的县（市）在空间分布

上更加集中，区域间联系不断加强；2010～2020年，除2015年外全局Moran's I 指数不断下降，2020年达至最低值0.1495，这表明浙江省县域高质量发展的集聚效应在逐步减弱。总体而言，2007～2020年浙江省各县（市）高质量发展水平的空间正相关性较强，高质量发展水平相近的地区在空间分布上呈现明显的集聚特征，但集聚程度呈先升后降的变化趋势，集聚态势总体有所减弱。

研究表明，浙江省县域高质量发展存在正的空间自相关性，空间集聚现象明显。为进一步了解各县（市）高质量发展集聚类型，本研究结合 Moran 散点图和 LISA 集聚图对浙江省58个县（市）进行局部空间自相关性分析。研究发现，2007年浙江省县域高质量发展空间集聚类型以低－低集聚和高－高集聚为主，占比高达74.14%。2012年空间关联类型为低－高集聚和高－低集聚的县（市）数量较之2007年略有下降，从15个减少为10个，空间集聚效应有所增强。但空间关联格局与2007年相比未发生根本性变化，空间正相关类型（高－高、低－低）仍占主导地位。分析2020年数据可知，相较于2007年和2012年，2020年处于高－高集聚区和低－低集聚区的县（市）数量明显减少，呈现低－高集聚特征和高－低集聚特征的县（市）数量有所上升，占比依次达到25.68%和24.14%，各集聚类型所占比例趋于均衡，空间异质性显著增强，这也佐证了前面通过分析县域视角的全局 Moran's I 指数变化趋势得到的"浙江省县域高质量发展集聚态势总体有所减弱"的研究结论。

从各空间关联模式地域分布看，高－高集聚县（市）主要分布在舟山、湖州、嘉兴、宁波、杭州等地，在浙江北部呈斑块状分布。低－低集聚区则主要集中在浙南地区，面积大、分布范围较广，县域高质量发展呈现明显的南北差异。低－高集聚县域多数位于绍兴、金华两市，2007年只有临安市、上虞市、嵊州市、浦江县等8个县（市）处于低－高地区，分布较为分散。2020年则发展为常山县、磐安县、奉化市、宁海县、三门县、平阳县等13个地区，分布趋于集中。高－低集聚区则始终零散分布于整个研究区域，从研究初期的淳安县、桐庐县、绍兴县、文成县等 7 个县（市）发展到研究末期的开化县、建德市、义乌市、永康市、新昌县、仙居县等14 个县（市）。

从显著空间关联格局来看，研究期内大部分县（市）空间集聚特征不明显，空间关联性弱，显著区域中以空间正相关县域为主，显著低－低集聚区占据主导地位。具体为：2007 年仅有 10 个县（市）表现出明显的集聚特征，其中显著高－高集聚和显著高－低集聚的县（市）均只有一个，分别为诸暨市和文成县；显著低－高集聚县市有两个，为上虞和嵊州；通过5% 显著性水平检验的低－低集聚县（市）数量相对较多，主要集中在浙江东南部。2012 年呈现低－高集聚特征的县（市）都没有通过显著性检验；显著高－低集聚区保持稳定，为文成县；显著空间正相关县（市）有所增加，其中低－低集聚类型显著区域范围明显变广，从浙江东南部扩展到浙西南大部分地区。相比 2007 年和 2012 年，2020 年显著区域发生较大变化，范围明显缩小。这主要源于显著低－低类型县（市）数量的急剧下降，研究末期仅有江山市、遂昌县和永嘉县三个地区通过显著性检验，四种显著空间集聚类型数量所占比例趋于均衡。

6.4.3 两种视角比较分析

通过比较分析 2007～2020 年地级市视角、县域视角的浙江省高质量发展空间关联格局，发现其空间关联特征大体相同：（1）研究期内高质量发展水平都存在空间正相关性，空间集聚效应较为明显，主要呈现高－高集聚和低－低集聚特征。（2）高－高集聚区主要分布在浙江北部，低－低集聚区主要集中在浙南地区，呈现出"北高南低"的空间分异格局。（3）局部视角下大部分地区空间关系不显著，空间关联性弱。显著区域中以低－低集聚区为主，始终位于浙江南部。

与此同时，浙江省内市域和县域高质量发展空间关联特征也存在一些差异：（1）相较于地级市，研究期内浙江省县域高质量发展的空间关联格局变化较大，2020年空间差异大的地区数量大幅增加，空间异质性显著增强，集聚效应明显减弱。（2）显著区域中，县域高质量发展存在四种空间集聚类型，包括高－高集聚、高－低集聚、低－低集聚和低－高集聚，而市域层面则仅有低－低集聚这一空间关联模式通过LISA显著性检验，相比之下县域视角更能揭示浙江省高质量发展空间关联的依赖性和异质性特征。

6.5 本章小结

本章利用2007～2020年浙江省地级市和58个县（市）数据，基于区域空间结构理论的思想，用定量分析方法研究浙江省市域、县域高质量发展水平在时间、空间上的动态演化特征，并得出以下结论：

（1）研究期内，浙江省各地级市高质量发展水平整体有所提高，但县域高质量发展水平却未有明显提升。2007～2020年，浙江省市域高质量发展水平呈现出先下降后上升的变化趋势，总体趋势是上升的。究其原因，可能是环境治理对高质量发展的影响存在时间滞后效应，短期内甚至会阻碍高质量发展。但长期来看，环境治理能促进高质量发展，实现经济发展与环境保护的双赢。研究期内，2007～2020年浙江省整体县域高质量发展水平未有明显提升。

（2）浙江省内市域高质量发展水平的分布状态"韧性"较强，相较于县域整体表现更为稳定。浙江省地级市、县（市）的高质量发展均存在较为明显的路径依赖性，保持原有发展状态的稳定性较强。研究发现，无论是地级市还是县（市），跨越式发展在短期内难以实现。总体而言，市域高质量发展态势总体向好，而县域高质量发展水平向更高水平转移的概率要小于向下转移的概率，推动县域高质量发展需要从更多方面精准发力。

（3）研究期内市域视角、县域视角高质量发展水平都存在空间正相关性，空间集聚效应较为明显，主要呈现高－高集聚和低－低集聚特征。2007～2020年，浙江省市域高质量发展水平的空间集聚程度呈现出先上升后下降的演化路径，但总体有所增强；而各县（市）高质量发展水平相近的地区在空间分布上呈现明显的集聚特征，集聚程度呈先升后降的变化趋势，空间异质性显著增强，集聚态势总体有所减弱。

第 7 章　区域高质量发展预警研究

作为我国最基本的行政单元，县域既是经济发展的排头兵，也是高质量发展的中坚力量（尤蕾，2019）。前面运用熵权 TOPSIS 法分别从省级、市级、县级三个空间视角对浙江省高质量发展进行了综合评价。研究表明，相较于地级市，浙江省县域高质量发展明显欠佳，绝大多数县（市）高质量发展水平偏低。研究期内，浙江省整体县域高质量发展水平未有明显提升。综上所述，推动县域高质量发展已成为现阶段浙江省迈上高质量发展轨道的关键所在。基于此，本章从浙江县域视角出发，借助障碍度模型寻找 2007～2020 年制约浙江省各县（市）高质量发展的短板，以期能为各县（市）相关部门提供预警，为其提升高质量发展水平、制定相关政策提供科学依据。

7.1　研究方法

障碍度模型可以帮助识别出浙江省高质量发展进程中的阻力因素，以便采取针对性措施提升其高质量发展水平。因此，本章引入指标贡献度、指标偏离度和障碍度探究影响浙江省高质量发展的主要障碍因素。障碍度计算方法如下：

$$O_j = U_{ij}w_j / \sum_{j=1}^{n}(U_{ij}w_j) ; S_j = \sum_{j=1}^{n}O_j \qquad (7-1)$$

式中：O_j 为第 j 项指标的障碍度；w_j 为指标贡献度，用各指标权重表示；U_{ij} 为 i 区域第 j 项指标偏离度，表示各项指标与系统发展目标的差距，$U_{ij} = 1 - v_{ij}$，v_{ij} 为各项指标的标准化值；S_j 为各子系统的障碍度。

7.2 主要障碍因子识别

本章在浙江省县域高质量发展水平评价基础上，引入障碍度模型，分别计算准则层和指标层的障碍度，以探究高质量发展进程中影响县域高质量发展水平提升的主要障碍因子。

7.2.1 准则层障碍因子识别

表 7-1 显示了 2007 年、2012 年、2017 年和 2020 年浙江省 58 个县（市）在各准则层的平均障碍度。准则层分类见第 5 章的表 5-1 高质量发展评价指标体系。

表 7-1　　　　　　浙江省县域高质量发展各准则层障碍度　　　　单位：%

年份	经济结构	发展效率	创新能力	民生改善	社会公平	节能减排	绿色环保
2007	25.01	14.71	18.99	19.00	8.36	1.43	12.50
2012	36.59	9.85	17.96	17.53	6.49	1.76	9.82
2017	29.07	12.17	13.12	16.76	9.14	3.61	16.13
2020	31.63	10.47	12.06	15.61	9.22	6.49	14.52

由表 7-1 可知，研究期间经济结构的障碍度始终明显大于其他准则层，是制约浙江省整体县域高质量发展水平提高的首要障碍因素。其次为民生改善、创新能力、发展效率和绿色环保，这四个因素的障碍度在研究期间基本

大于 10%，是影响县域高质量发展的主要障碍因素，这与陈韶清和夏安桃（2020）的研究结论一致。社会公平、节能减排的障碍度相对较小，其中节能减排在准则层障碍度排序中历年位居末位，障碍度在 0.56% ~ 6.49% 范围内波动，说明浙江省各县（市）在经济社会发展中十分注重资源能源的有效利用，并严格管控污染物排放，节能减排工作成效显著。具体来看，2007 年七个准则层障碍度由大到小排序依次为：经济结构（25.01%）、民生改善（19.00%）、创新能力（18.99%）、发展效率（14.71%）、绿色环保（12.50%）、社会公平（8.36%）和节能减排（1.43%）。至 2020 年，经济结构和民生改善的障碍度依然位列前二，是影响县域高质量发展的重要因素。而绿色环保的障碍度较之研究初期有所上升，障碍度排序从第五位上升为第三位，制约作用显著增强。其次为创新能力、发展效率、社会公平和节能减排，依次位居第 4 ~ 7 位，障碍度分别为 12.06%、10.47%、9.22% 和 6.49%。从变化幅度看，除排名上升的绿色环保外，经济结构和节能减排的障碍度相较于 2007 年也有所上升，且增幅均在 5% 以上，对高质量发展的阻碍程度明显增强。社会公平的障碍度在 2007 ~ 2020 年整体变化不大，发展效率、创新能力和民生改善的障碍度相比 2007 年则出现明显下降，其中创新能力降幅最大，高达 6.93%，对高质量发展的阻碍作用明显弱化。总体而言，2007 ~ 2020 年影响浙江省县域高质量发展的主要障碍因素没有发生变化，当前阶段推动浙江省县域高质量发展的当务之急仍是加快经济转型升级，加强科技创新，提升经济发展质量和效益。其次要继续大力发展民生事业，切实增强民生福祉以提高人民的获得感和幸福感。同时仍需进一步加大生态环境保护力度，注意协调好生态环境与经济、社会发展之间的关系，这三者齐头并进才能全面提升浙江省县域高质量发展水平。

7.2.2　指标层障碍因子识别

高质量发展水平评价指标体系中涉及较多相关指标，详见第 5 章表 5 - 1。

因此，为进一步明确影响浙江省县域高质量发展的指标层主要障碍因子，本章借鉴周宏浩和陈晓红（2018）的研究方法，按照单项指标的障碍度大小，筛选出障碍度大于3%且制约作用明显的障碍因子，其频数分布如表7-2所示。

表7-2　　　　　　浙江省县域高质量发展指标层障碍度频数分布

指标层	2007 年	2012 年	2017 年	2020 年
产业结构合理化（X_1）	—	8	10	13
产业结构高级化（X_2）	56	57	57	56
外贸依存度（X_3）	56	56	57	55
人均地区生产总值（X_4）	57	57	56	56
社会劳动生产率（X_5）	56	57	54	51
每万人拥有专利授权数（X_6）	57	58	57	54
每千人拥有医疗卫生机构床位数（X_7）	45	42	19	10
教育支出占财政支出比重（X_8）	21	19	19	20
人均公共图书馆藏书量（X_9）	57	58	57	58
城乡居民收入比（X_{10}）	11	15	23	29
社会保障和就业支出占财政支出比重（X_{11}）	54	54	55	54
单位 GDP 电耗（X_{12}）	1	7	23	29
工业废水排放强度（X_{13}）	—	—	—	—
单位 GDP 工业废气排放量（X_{14}）	—	—	—	—
建成区绿化覆盖率（X_{15}）	16	14	6	5
环境保护支出占财政支出比重（X_{16}）	57	57	55	54

注："—"表示该因子障碍度小于3%。

如表7-2所示，2007年浙江省县域高质量发展众多障碍因子中存在具有普遍影响作用的障碍因子，包括经济子系统的产业结构高级化（X_2）、外贸依存度（X_3）、人均地区生产总值（X_4）、社会劳动生产率（X_5）和每万人拥有专利授权数（X_6），频数分别为56、56、57、56、57；社会子系统的每千人拥有医疗卫生结构床位数（X_7）、人均公共图书馆藏书量（X_9）和社会保障和就业支出占财政支出比重（X_{11}），频数依次为45、57及54；环境子系统的环境保护支出占财政支出比重（X_{16}），频数为57。以上障碍因子均覆盖浙江省 3/4 以上县（市），表明创新能力较弱、经济结构亟待优化，医疗、文化等公共服务资源短缺以及社会保障、环境保护资金的投入不足是研究初期浙江省各县市高质量发展进程中存在的普遍问题。2017 年影响较为广泛的障碍因子和 2007 年基本一致，仅有每千人拥有医疗卫生结构床位数（X_7）频数有较大变动，从 45 下降为 10，不再是制约各县（市）高质量发展水平提升的主要障碍因子。说明近几年浙江省大部分县（市）加大了医疗卫生领域的资金投入，有效扩大了医疗资源供给，人民群众看病难问题有所缓解。

此外，从变化趋势看，建成区绿化覆盖率（X_{15}）的频数也存在较明显下降，研究期间该指标障碍度大于 3% 的县（市）数量由 16 个减少为 5 个，表明浙江省各县（市）在建设发展中愈发重视城市园林绿化，多数地区城市环境得到了较大改善。而产业结构合理化（X_1）、城乡居民收入比（X_{10}）和单位 GDP 电耗（X_{12}）三个指标的频数则增幅明显，对高质量发展的阻碍作用逐渐增强。其中单位 GDP 电耗（X_{12}）增幅最大，频数由原来的 1 大幅上升至 29，研究末期该指标对浙江省近一半县（市）的高质量发展存在明显的制约作用。究其原因，主要是由于随着经济的快速发展和人民生活水平的不断提高，全社会对电力的需求大幅增加，能源紧缺问题日益突出，进而导致单位 GDP 电耗对县域高质量发展的阻碍作用逐渐增强，影响日渐广泛。同时这也是 2020 年节能减排准则层障碍度出现大幅增长的主要原因。

综上所述，为提升浙江省整体县域高质量发展水平，在经济发展上应进一步深化改革，加快产业转型升级，提高对外开放水平和科技创新能力，推动经济发展从"有没有"向"好不好"转变；在社会民生上要加强公共服务资源尤其是文化方面的投入，完善基础设施建设，着力提高公共服务水平以不断满足人民对美好生活的需要。同时继续加大社会保障资金投入力度，建立健全社会保障制度和深化收入分配制度改革，以缓解发展不平衡的矛盾，促进社会公平和谐；在生态环境上需提高对环境保护的重视程度，进一步增加环保财政投入，为全力推进生态建设和环境保护工作提供有力保障。

7.3 空间阻力类型分析

在准则层和指标层的主要障碍因素分析基础上，针对研究初期和研究末期各地区经济发展、社会民生及生态环境 3 个子系统的障碍度，借助最小方差法（张耀光，1986）划分出不同的空间阻力类型。研究结合前面划分的高质量发展水平等级进行分析，以期为浙江省因地制宜地推动高质量发展提供科学依据，为各地加强顶层设计、建立长效预警机制提供决策参考。

7.3.1 县域高质量发展阻力类型

研究结果显示，研究初期和研究末期浙江省县域高质量发展均存在两种空间阻力模式：双系统阻力模式 E-S 型（经济-社会）和三系统阻力模式 E-S-R 型（经济-社会-环境），说明单一子系统未对高质量发展构成阻碍，各县（市）高质量发展水平的提升始终受到多方面因素的共同制约，需进一步考虑子系统障碍度大小，以分析其阻力类型。在此基础上，结合各子系统障碍度大小，以上两种阻力模式又可以细分为三种阻力类型，即 E>S 型（经济发展>社会民生）、E>S>R 型（经济发展>社会民生>生态环境）和 E>R>S 型（经济发展>生态环境>社会民生）。三种阻力类型均是以经济发展占主导，这表明经济发展始终是制约浙江省各县（市）高质量发展的最主要因素，要实现县域高质量发展，关键在于补齐经济短板。虽然浙江省县域经济一直走在全国前列，但相较于城市经济，仍存在诸多问题。产业层次较低、结构不合理，经济总量较大但质量不高、效益偏低，经济质效亟待提升。对外开放程度不高，县域创新能力明显偏弱，多数县（市）在创新发展上面临较大压力，县域经济向高质量发展转型之路任重道远。

7.3.2　县域高质量发展阻力的演化态势及影响因素

2007 年，浙江省各县（市）只出现了 E > S 型和 E > S > R 型，并且阻力类型以经济发展占主导的 E－S 型为主，说明在研究初期浙江省整体县域高质量发展水平的提升主要受到经济子系统和社会子系统的共同制约，环境子系统尚未对高质量发展产生重要影响。从高质量发展水平等级划分看，研究初期高质量发展水平在平均水准之下的县域基本为 E－S 阻力模式，包括建德市、象山县、瑞安市、新昌县、浦江县等 24 个地区，高质量发展的推进主要受到源于经济、社会的双重阻力。而高质量发展高水平县（市）则主要分布在 E > S > R 型区域，包括余姚市、慈溪市、绍兴县和义乌市，各子系统得分普遍较高且发展较为均衡。至 2020 年，E－S 型县（市）数量明显减少，除淳安县、泰顺县、安吉县、浦江县、磐安县、开化县、临海市、天台县及景宁自治县 9 个地区外，其他 E－S 型区域全部发展为 E－S－R 型区域，研究末期浙江省 80% 以上的县（市）高质量发展受到经济、社会、环境三个子系统的联合阻力。这主要是由于随着经济的快速发展，环境污染、资源短缺等问题日渐凸显，系统阻力逐渐从经济子系统向环境子系统转移，生态环境对县域高质量发展的阻碍作用不断增强。三系统阻力模式区域中，又以 E > S > R 阻力类型最为普遍，阻力类型为 E > R > S 型的只有瑞安市、苍南县、平湖市、海宁市、嘉善县、海盐县、江山市、常山县和缙云县 9 个地区，多数县（市）社会子系统的障碍度要大于环境子系统。至 2020 年，社会民生依然是阻碍浙江省整体县域高质量发展水平提升的第二大障碍因素。

结合高质量发展综合得分，处于 E－S 型区域的县（市）高质量发展水平基本位于平均水平之上，包括淳安县、泰顺县、安吉县、开化县、临海市、天台县和景宁自治县，自然资源禀赋丰富，生态环境指数普遍较高，环境子系统对区域高质量发展的阻碍作用较小。以上地区要进一步提高区域高质量发展水平，需在立足其自身资源禀赋、充分发挥比较优势的基础上，加快经济结构优化升级，优化创新环境，推进科技成果转移转化，着力补齐短板。同时继续大力推进民生社会事业发展，促进经济社会协调发展。E-S-R型区域中，高质量发展水平等级分布较为均衡，研究末期高质量发展水平处于浙江省平均水平之上的县（市）总计29个，其中E>S>R阻力类型23个，包括富阳市、慈溪市、余姚市、文成县、桐乡市等，E>R>S型县（市）6个，分别为瑞安市、平湖市、海宁市、嘉善县、海盐县和仙居县。以上地区推动高质量发展应在保持原有水平基础上，经济发展、社会建设与环境保护三者齐头并进。高质量发展较低水平的县（市）数量为21个，包括阻力类型为E>S>R的奉化市、宁海县、乐清市、龙游县、玉环县等17个地区和苍南县、江山市、常山县、缙云县4个E>R>S型地区。对这些地区而言，系统间的联合阻力作用易使其在高质量发展进程中陷入恶性"低"循环。以上地区应防范此类风险，集中力量率先解决主要矛盾，采取针对性措施消除各子系统主要障碍因子的阻力作用，循序渐进地提高各子系统得分，进而逐步提升其整体发展水平。此外，阻力类型为E>R>S的地区在迈入高质量发展轨道过程中，尤其要注意经济与生态环境的协调发展，严守资源环境生态红线；在着力补齐经济建设短板的同时加强生态环境保护建设，注意提升资源能源的利用效率，加强污染物的排放限制以从源头上减少污染，遏制生态环境恶化。

整体而言，2007～2020年浙江省县域高质量发展空间阻力模式由经济—社会双系统阻力模式过渡到了经济—社会—环境三系统阻力模式。经济发展始终是县域高质量发展的首要障碍因素；其次为社会民生；环境子系统整体障碍度较低，但对县域高质量发展的影响日益显著，逐渐成为制约高质量发展的主要因素。未来浙江省推进高质量发展的当务之急是加快县域经济转型升级，优化经济结构，变"量"为"质"。同时要进一步扩大对外开放，提升科技创新能力，加快培育新质生产力以促进县域经济更好地适应经济全球化趋势。此外，要注重因地制宜，各县（市）应立足自身发展，根据本地的高质量发展阻力类型，厘清思路、找准突破口和重难点，制定更具针对性的措施扬长补短，有效提高区域高质量发展水平。

7.4　本章小结

本章利用 2007~2020 年浙江省 58 个县（市）数据，借助障碍度模型研究分析制约浙江省各县（市）高质量发展的短板。研究首先分别计算准则层和指标层的障碍度，以探明影响各县（市）高质量水平提升的主要障碍因子。在此基础上，针对研究初期和研究末期各地区经济发展、社会民生及生态环境 3 个子系统的障碍度，进一步细分出不同的空间阻力类型。研究得出以下结论：

（1）2007~2020 年，影响浙江省县域高质量发展的主要障碍因素没有发生变化。推动浙江省县域高质量发展的当务之急仍是加快经济转型升级，加强科技创新，提升经济发展质量和效益；其次是继续大力发展民生事业和生态环境保护，促进生态环境与经济、社会民生协调发展。

（2）从提升浙江省整体县域高质量发展水平的视角，研究认为：在经济发展上应加快产业转型升级，提高对外开放水平和科技创新能力，着力培育新质生产力；在社会民生上，要加强公共服务资源尤其是文化方面的投入，完善基础设施建设；在生态环境上，需进一步加大环保财政投入，为全力推进生态建设和环境保护工作提供有力保障。

（3）经济发展始终是制约浙江省县域高质量发展的最重要因素。2007~2020 年浙江省县域高质量发展空间阻力模式由经济 - 社会双系统阻力模式过渡到了经济 - 社会 - 环境三系统阻力模式；经济 - 社会 - 环境阻力模式中，经济发展始终是首要的障碍因素，其次为社会民生子系统和环境子系统。虽然环境子系统整体障碍度最低，但其影响日益显著，将逐渐成为制约高质量发展的主要因素。

第8章 结束语

8.1 主要研究结论

高质量发展是一个复杂的系统工程，涉及经济、社会等多个方面。基于此，本书从系统论视角出发，在把握理解高质量发展内涵基础上，从经济、社会、环境三个维度切入构建高质量发展评价指标体系。首先通过对我国 272 个地级市发展"质""量"的实证分析，运用数据包络分析等方法研究了区域发展"质"与"量"及其"韧性"的整体情况以及个体之间的差异性；其次以浙江省为研究范围，运用熵权 TOPSIS 法综合测度了 2007~2020 年浙江省及其 11 个地级市、58 个县（市）的高质量发展水平，并分别从市域、县域两个视角进一步分析其动态变化特征。最后借助障碍度模型寻找影响浙江省县域高质量发展的主要障碍因素，利用最小方差法划分出不同的空间阻力模式，结合高质量发展得分提出针对性政策建议。研究的主要结论如下：

（1）我国经济发展"质"的现状分析显示，我国产业结构正在发生着显著变化，第三产业所占 GDP 比重在 2012 年超过第二产业所占 GDP 的比重（穿越点），而且差距越来越大；同时第一产业的比重一直呈现下降的趋势，但是现阶段我国第三产业发展与发达国家第三产业依旧存在一定的差距。通过对我国产业创新的研究发现，我国第三产业创新增长速度最快，其中主要集中在机动车服务业、电子信息服务业以及软件技术服务业上。我国产业创新尚存一些风险，产业创新对于外部冲击的反应具有明显的差异性，第三产业的抗风险明显优于第一、第二产业。从全要素生产率的角度分析我国经济发展"质"的现状，研究表明经济冲击对我国全要素生产率具有一定的影响，我国 TFP 对经济增长的贡献率同样存在明显的波动性。

（2）对我国经济规模、产业结构分析发现，两者均呈现两极分化且分化的程度较为严重。经济规模、产业结构在空间分布上较为相似，呈现东部沿海地区、中部、西部以及东北部阶梯式分布。同时，经济规模、产业结构城市在辐射上具有明显的差异性。研究发现，核心城市的经济规模辐射能力明显强于结构规模，原因可能是，在城市要素禀赋积累的过程中，自然禀赋和非自然禀赋带来的促进作用具有差异性，主要体现在资源要素和人力资本上。从整体上对我国经济高质量发展的研究发现，科技创新、人力资本积累、人口活力等因素对经济质量发展具有显著正向效应。

（3）对我国 272 个地级市的经济冲击反应研究发现，整体上，城市的规模发展路径在冲击前后具有明显的不同，经济冲击对经济规模发展水平低的地区影响较大，而且冲击对城市的产业结构发展路径影响要强于经济规模发展路径。同样，个体间也存在差异，不同城市个体冲击前后发展路径存在明显的差异性，有的城市在受到冲击后发展路径高于冲击前的发展路径，相反有的城市在受到冲击后发展路径却低于原有的发展路径。本书对经济规模、产业结构发展路径进行动态分析发现，城市的经济规模、产业结构的发展路径冲击前后均发生偏移。对城市经济规模、结构规模冲击前后发展路径偏移（K 值差）的研究发现，不同城市在应对外部冲击时所展现的能力不同，有的城市在应对外部冲击时具备路径创造能力和可持续发展的能力，有的城市在应对外部冲击时具备可持续发展能力但是不具备路径创造能力，而有的城市两者均不具备，缺乏有效应对外部冲击的能力。

（4）通过对全国 272 个地级市的经济规模"韧性"、产业结构"韧性"测度进行分析，本书发现我国城市产业结构"韧性"和经济规模"韧性"

呈现明显的不匹配现象，这种不匹配、不协调的现象不利于我国经济高质量发展。通过对两种"韧性"进行匹配，本书将"质"与"量"的双"韧性"分为"双高"城市（H–H）、"一高一低"城市（H–L、L–H）以及"双低"城市（L–L），并对城市特征进行研究，发现第三产业发展以及科技创新在高质量"韧性"中扮演至关重要的角色。

（5）从高质量发展水平看，2007～2020年浙江省高质量发展稳中向好，高质量发展水平始终位居全国前列。现阶段浙江省高质量发展仍以经济发展为主导，生态环境次之，社会子系统发展水平最低。子系统间发展差距随时间逐渐缩小，浙江省在经济、社会和环境三个维度的发展渐趋协调。市域层面，杭州以绝对优势占据榜首，宁波、舟山次之，绍兴、嘉兴、湖州紧随其后，衢州、丽水两市高质量发展水平相对偏低。县域层面，义乌、嵊泗、安吉、洞头等地区排名一直靠前，而永嘉县、兰溪市、常山县、青田县、庆元县等排名相对靠后。市域和县域视角下浙江省高质量发展均呈现出明显的区域差异，浙北地区高质量发展水平普遍高于浙南地区。

（6）从高质量发展动态演化看，2007～2020年不同空间视角下浙江省高质量发展水平均呈现先下降后上升的变化趋势，其中地级市的高质量发展水平总体在波动中上升，市域高质量发展趋势向好。反之，县域高质量发展形势则不容乐观，研究期间整体水平未有明显提升，且相较于地级市明显偏低。地区间差距总体呈缩小态势，不同高质量发展水平之间的流动性较差，转移大多发生在相邻类型之间。高质量发展是一个持续、渐进的过程，短期内较难实现跨越式发展。马尔可夫链结果表明，浙江省地级市、县（市）的高质量发展均存在较大的惯性，尤其是较低水平和较高水平两个类型的区域，维持原有发展状态的稳定性较强。县域高质量发展的稳定性整体低于地级市，且高水平县（市）有逐渐向低水平发展的趋势，需引起高度重视。

（7）无论是地级市还是县域，研究期间浙江省高质量发展始终存在空间正相关性，空间集聚效应较为明显，主要呈现高–高集聚和低–低集聚特征。但局部视角下大部分地区空间关系不显著，空间关联性弱，显著区域中以低 – 低集聚区为主，始终分布在浙南地区。空间自相关分析结果显示，两个视角的全局 Moran's I 指数都呈现先上升后下降的趋势，其中地级市的空间集聚效应在波动中增强，空间关联格局没有发生根本性变化，空间正相关类型始终占据主导地位。而县域的空间集聚态势较之研究初期明显减弱，空间关联格局发生较大变化。研究末期空间异质性显著增强，四种集聚类型的县市所占比例逐渐趋于均衡。

（8）经济结构、发展效率、创新能力、民生改善和绿色环保是制约浙江省县域高质量发展水平提升的主要短板，绝大多数县（市）在高质量发展进程中存在产业层次较低、对外开放程度不高、创新能力较弱，医疗、文化等公共服务资源短缺，社会事业资金投入不足、能源短缺、环保力度不够等问题。虽然浙江省县域经济一直走在全国前列，但就"质"而言，其经济发展仍存在诸多问题，研究期间经济发展始终是制约浙江省实现县域高质量发展的最大障碍。从阻力类型划分看，研究初期和研究末期浙江省县域高质量发展始终仅存在两种阻力模式：经济 – 社会双系统阻力模式和经济 – 社会 – 环境三系统阻力模式。研究初期环境子系统未对县域高质量发展产生重要影响，以经济发展占主导的 E – R 型阻力模式最为普遍。随着时间的推移，系统阻力逐渐由经济子系统向环境子系统转移，2020 年经济 – 社会 – 环境三系统阻力模式空间分布最广，E > S > R 阻力类型占据主导地位。三个子系统对高质量发展的阻碍作用在县域间存在较大的差异，并且不同的障碍因子对高质量发展的阻碍程度也因"县"而异。浙江省推动县域高质量发展切不可搞"一刀切"，应立足自身发展，根据其空间阻力类型及主要障碍因子制定差别化的区域发展政策，因地制宜推进浙江高质量发展。

8.2 政策建议

根据前述结论，本书提出如下政策建议：

8.2.1 以提升"质"与"量"双"韧性"为保障，推动创新型发展

从"量"的角度出发，一方面，高质量发展应注重增长动力转换，推动数量型发展方式全方位转变，完善创新发展的内生驱动机制；另一方面，应从提升供给质量的角度出发，改善我国供给侧所存在的问题，调动企业家的创新性和积极性，培养企业家精神，以此来释放市场活力，提升供给质量。从"质"的角度出发，高质量发展应加大科技创新投入，重视基础性研究、提升应用研究，将关键共性技术、前沿引领技术作为创新突破口，完善创新制度体系，不断强化自主创新的自生能力提升机制，推动经济发展从要素驱动型向创新驱动型转变。加快供需体系对接，完善城乡区域协调发展机制，强化协调发展的内生动力，提升产业合理化布局，促进产业升级，大力发展第三产业，提高第三产业拉动经济增长的能力。以创新驱动加快产业的转型升级，进而完善产业结构，同时注重产业多样性发展。大力倡导科技创新，以技术型发展代替传统的粗放型发展，注重技术创新的带动作用，培育和发展高新技术产业，形成经济增长与产业提升的良性循环。同时，在应对经济冲击时，适时预调、微调宏观政策和财政政策，稳定需求，增强人民的获得感、幸福感、安全感。此外，政府部门应提高危机防范意识，建立健全高质量发展的监测和预警机制和前馈系统，在突发性外部冲击时能及时灵敏地作出正确的决策，最大化地防范和分散风险。

8.2.2　以经济发展为着力点,"三头并进"统筹兼顾

纵观省级、市级、县级三个视角的高质量发展评价指标权重,发现子系统权重排序均为经济发展 > 社会民生 > 生态环境,即经济发展对高质量发展的影响程度最大,且远高于其他两个维度,浙江省推动高质量发展,应坚持以经济建设为中心。首先,浙江省应充分利用数字经济的先发优势,牢牢抓住数字机遇,在阿里巴巴、海康威视、新华三、大华股份等多家数字经济龙头企业的引领下,加快推进互联网、大数据、人工智能与实体经济的深度融合。既要推动传统产业"老树开新花",加大技术改造促进传统产业智能化转型,也要助力新兴产业"新苗成大树",加大政府扶持力度,扩大有效投资,加快培育壮大新兴产业,"双轮"驱动产业结构优化升级。其次,创新是引领经济发展的第一动力。浙江省应依托高等院校、研究院所和创新型企业补齐科技创新短板、增强创新驱动力。在加大"高精尖缺"人才引进力度的同时,引导企业加强与高等院校、科研机构等的产学研合作,促进科技成果转化,提升企业经济效益。此外,在经济全球化不断深入的大趋势下,浙江省要充分利用沿海的地域优势,继续扩大对外开放,通过利用外资和引进的先进技术、管理经验,不断提高社会劳动生产率,以高水平对外开放促进高质量发展。

同时,高质量发展是关乎经济、社会及环境的全方位均衡发展,在着力推动经济迈入高质量发展轨道的同时,还应坚持社会建设和生态环境保护齐头并进、统筹兼顾。在社会民生层面,浙江省必须始终坚持以人为本,坚持"取之于民,用之于民",优先加强和民生密切相关的基础设施建设。继续加大民生投入力度,不断提高医疗卫生、文化、教育、养老等公共服务水平,着力补齐公共服务短板,为人民美好生活保驾护航。同时,要加快健全社会保障体系,完善收入分配制度,继续优化财政支出结构,增大社会保障力度,切实促进社会公平正义。在生态环境层面,应始终坚持以

"两山"理念为指导。良好的生态环境是经济社会持续健康发展的重要基础，政府必须合理规划好四类主体功能区，设定并严守生态红线，坚决不以牺牲环境为代价谋求发展。并进一步扩大在环境保护方面的财政支出，建立和完善严格的生态补偿机制和环境问责机制，以制度为保障扎实推进"五水共治"和大气污染防治、固废污染防治等环境整治工作，"保护"和"治理"双管齐下。

8.2.3　以加强区域联动为手段，携手共进聚力发展

浙北地区高质量发展水平普遍较高，而浙南地区则相对偏低，浙江省高质量发展区域差异明显，总体呈现出"北高南低"的分布格局。针对此现象，浙江应进一步强化南北地区联动，借助"大湾区大通道大花园大都市区建设"，继续深化省内山海协作，按照"优势互补、互惠互利"的原则不断提高资源在空间上的配置效率，引导人力资源、资本要素、技术创新等在省内合理有序流动，全面推进浙南、浙北地区在科技创新、公共服务、社会治理、环境保护等各个领域的交流合作，以北带南、以南促北，携手共进，逐步缩小南北差距，提高浙江全省区域均衡发展水平。

此外，在区域一体化潮流之下，"长三角一体化发展"毋庸置疑是推动浙江整体发展更上一层楼的绝佳契机。2019 年国务院政府工作报告明确指出："将长三角区域一体化发展上升为国家战略"，长三角区域主要包括上海、浙江、江苏、安徽三省一市共 41 个城市，是我国区域一体化起步最早、发展基础最好、程度最高的地区，地区间合作不再局限于经济合作，已拓展到经济、社会、人文、环境等多个领域。浙江省各地区应充分利用好这一发展契机，立足自身特色优势和基础条件，找准契合点，加强同周边地区在各领域的联动协作，主动深度融入长三角一体化发展。尤其是发展相对落后的浙南地区，更要牢牢抓住这一重大历史机遇，在产业、技术、文

化、教育、卫生等方面主动承接"龙头"上海的辐射带动，接轨上海、问海借力，乘着长三角区域一体化的强劲东风，全面提升自身发展水平。其次，杭州、宁波两大中心城市也应借此平台进一步强化核心增长极功能，取他人之长补自己之短，不断提升综合实力壮大自己，增强其在浙江省内的辐射带动力和影响力，从而更好地带动周边地区的发展，推动各地区实现高质量发展。

8.2.4　以县域为突破口，因地制宜对"症"下药

相较于地级市，县域高质量发展进程明显落后，整体发展水平偏低，而浙江省要实现高质量发展，关键在县域。研究表明，浙江省各县（市）子系统发展情况存在差异，不同县（市）高质量发展的空间阻力类型也不尽相同，各县（市）在高质量发展过程中，应立足自身优势，扬长避短，因地制宜。

对于"绿水青山"型县（市）而言，得天独厚的自然资源禀赋是它们最大的"武器"。这些县（市）普遍经济欠发达，产业结构欠合理，经济质效存在很大的提升空间。应依托于生态环境和资源优势调整优化产业结构，立足区域特色大力发展生态农业、有机农业、生态旅游业等绿色产业，将"绿色"优势转化为资本优势、产业发展优势，推动"绿水青山"向"金山银山"转化，以绿色经济带动高质量发展水平提升。对于余姚、慈溪等经济强县，生态环境是其高质量发展的突出短板。这些县（市）要注重提高经济社会发展的可持续性，协调好发展与生态环境保护之间的关系。摒弃"先污染后治理"的发展模式，结合自身实际情况，科学、合理地制定地方主要污染物排放标准，加强源头管控。同时要进一步强化政府引导，对节能环保型企业给予政策倾斜，从而加快节能环保产业发展，逐步降低经济发展对资源环境的依赖。

此外，制约各县（市）高质量发展的主要障碍因子也存在差异，地方

政府在执行政策时可结合本地高质量发展特点适当调整实施手段：实行短板预警管理，建立科学合理的障碍因子动态管理体系，严格管控影响本区域高质量发展的关键障碍因子；通过审核、管理评审的方式实现风险规避和不断改进，以构筑高质量发展环境，不断提升区域高质量发展水平，进而推动浙江全省各的区域高质量发展。

附录　不同空间视角下高质量发展评价指标权重

附表 1

省级视角高质量发展评价指标权重

指标	2007 年	2008 年	2009 年	2010 年	2011 年	2012 年	2013 年	2014 年	2015 年	2016 年	2017 年	2018 年	2019 年	2020 年
X_1	0.026	0.040	0.031	0.034	0.022	0.018	0.018	0.017	0.020	0.021	0.023	0.021	0.020	0.022
X_2	0.093	0.098	0.082	0.100	0.124	0.138	0.135	0.144	0.161	0.165	0.141	0.155	0.161	0.157
X_3	0.164	0.151	0.161	0.162	0.150	0.160	0.151	0.139	0.152	0.142	0.129	0.127	0.132	0.142
X_4	0.068	0.067	0.070	0.069	0.066	0.077	0.080	0.085	0.076	0.077	0.078	0.077	0.075	0.069
X_5	0.067	0.063	0.067	0.069	0.084	0.089	0.089	0.083	0.080	0.078	0.082	0.085	0.077	0.081
X_6	0.165	0.170	0.180	0.165	0.164	0.167	0.144	0.132	0.123	0.123	0.145	0.149	0.138	0.146
X_7	0.066	0.063	0.074	0.069	0.071	0.022	0.044	0.043	0.042	0.049	0.049	0.044	0.045	0.042
X_8	0.027	0.035	0.032	0.033	0.022	0.022	0.027	0.042	0.029	0.035	0.049	0.042	0.039	0.044

续表

指标权重

指标	2007 年	2008 年	2009 年	2010 年	2011 年	2012 年	2013 年	2014 年	2015 年	2016 年	2017 年	2018 年	2019 年	2020 年
X_9	0.145	0.144	0.132	0.121	0.100	0.105	0.121	0.109	0.108	0.106	0.111	0.114	0.109	0.107
X_{10}	0.027	0.033	0.034	0.036	0.033	0.036	0.036	0.026	0.028	0.026	0.027	0.026	0.028	0.026
X_{11}	0.030	0.031	0.027	0.042	0.054	0.046	0.041	0.043	0.049	0.047	0.050	0.042	0.048	0.047
X_{12}	0.010	0.011	0.013	0.015	0.016	0.019	0.018	0.017	0.017	0.018	0.019	0.018	0.017	0.017
X_{13}	0.011	0.010	0.011	0.012	0.020	0.018	0.028	0.023	0.017	0.019	0.018	0.019	0.021	0.018
X_{14}	0.015	0.015	0.022	0.018	0.016	0.018	0.017	0.019	0.021	0.014	0.013	0.015	0.017	0.019
X_{15}	0.025	0.024	0.032	0.023	0.017	0.029	0.012	0.026	0.022	0.029	0.032	0.033	0.031	0.029
X_{16}	0.061	0.045	0.032	0.032	0.041	0.036	0.039	0.052	0.055	0.051	0.034	0.033	0.042	0.034

附表 2 地级市视角高质量发展评价指标权重

指标权重

指标	2007 年	2008 年	2009 年	2010 年	2011 年	2012 年	2013 年	2014 年	2015 年	2016 年	2017 年	2018 年	2019 年	2020 年
X_1	0.049	0.043	0.041	0.034	0.046	0.039	0.041	0.032	0.037	0.038	0.038	0.039	0.038	0.039
X_2	0.083	0.079	0.089	0.067	0.081	0.077	0.088	0.079	0.075	0.087	0.084	0.085	0.085	0.084
X_3	0.076	0.071	0.075	0.072	0.073	0.064	0.057	0.065	0.080	0.085	0.080	0.079	0.082	0.081
X_4	0.065	0.058	0.064	0.061	0.066	0.066	0.069	0.076	0.075	0.101	0.100	0.098	0.105	0.092
X_5	0.062	0.056	0.059	0.065	0.074	0.076	0.082	0.092	0.088	0.083	0.079	0.082	0.082	0.078

续表

指标权重

指标	2007年	2008年	2009年	2010年	2011年	2012年	2013年	2014年	2015年	2016年	2017年	2018年	2019年	2020年
X_6	0.075	0.098	0.075	0.074	0.104	0.111	0.095	0.068	0.071	0.059	0.056	0.055	0.062	0.059
X_7	0.116	0.107	0.105	0.111	0.081	0.084	0.071	0.080	0.093	0.061	0.082	0.075	0.077	0.082
X_8	0.047	0.039	0.044	0.035	0.032	0.032	0.031	0.037	0.032	0.033	0.045	0.049	0.038	0.044
X_9	0.091	0.079	0.088	0.096	0.120	0.126	0.100	0.103	0.133	0.114	0.090	0.102	0.107	0.117
X_{10}	0.030	0.026	0.028	0.028	0.033	0.028	0.029	0.050	0.053	0.054	0.062	0.061	0.057	0.052
X_{11}	0.077	0.096	0.132	0.089	0.027	0.028	0.030	0.034	0.035	0.044	0.051	0.042	0.047	0.051
X_{12}	0.038	0.036	0.036	0.046	0.060	0.051	0.050	0.053	0.055	0.052	0.052	0.055	0.052	0.050
X_{13}	0.032	0.029	0.035	0.034	0.038	0.027	0.025	0.030	0.028	0.029	0.031	0.027	0.030	0.031
X_{14}	0.034	0.028	0.028	0.026	0.025	0.027	0.022	0.024	0.023	0.025	0.028	0.028	0.025	0.028
X_{15}	0.044	0.024	0.023	0.023	0.023	0.041	0.104	0.084	0.063	0.049	0.061	0.055	0.052	0.049
X_{16}	0.081	0.131	0.078	0.139	0.117	0.123	0.106	0.093	0.059	0.086	0.061	0.068	0.061	0.063

附表 3　县（市）级视角高质量发展评价指标权重

指标权重

指标	2007年	2008年	2009年	2010年	2011年	2012年	2013年	2014年	2015年	2016年	2017年	2018年	2019年	2020年
X_1	0.022	0.021	0.025	0.035	0.026	0.024	0.021	0.028	0.026	0.021	0.037	0.035	0.039	0.031
X_2	0.116	0.124	0.123	0.130	0.199	0.183	0.191	0.185	0.143	0.124	0.122	0.125	0.131	0.137
X_3	0.101	0.093	0.100	0.105	0.100	0.097	0.088	0.089	0.103	0.103	0.094	0.094	0.099	0.104

续表

指标	指标权重													
	2007年	2008年	2009年	2010年	2011年	2012年	2013年	2014年	2015年	2016年	2017年	2018年	2019年	2020年
X_4	0.087	0.076	0.091	0.086	0.075	0.077	0.075	0.076	0.080	0.064	0.069	0.077	0.068	0.077
X_5	0.057	0.044	0.052	0.033	0.027	0.039	0.043	0.044	0.049	0.051	0.058	0.055	0.057	0.051
X_6	0.160	0.152	0.128	0.139	0.113	0.153	0.127	0.103	0.137	0.105	0.111	0.101	0.114	0.120
X_7	0.049	0.059	0.064	0.058	0.044	0.048	0.044	0.041	0.019	0.036	0.034	0.034	0.027	0.036
X_8	0.038	0.031	0.037	0.043	0.024	0.031	0.026	0.033	0.032	0.036	0.039	0.033	0.039	0.032
X_9	0.104	0.111	0.124	0.118	0.121	0.112	0.140	0.131	0.110	0.111	0.104	0.111	0.107	0.112
X_{10}	0.040	0.043	0.043	0.044	0.045	0.047	0.046	0.033	0.036	0.039	0.039	0.035	0.033	0.039
X_{11}	0.059	0.057	0.069	0.059	0.035	0.039	0.030	0.033	0.080	0.097	0.062	0.075	0.077	0.064
X_{12}	0.017	0.007	0.014	0.012	0.011	0.012	0.017	0.035	0.022	0.015	0.041	0.033	0.041	0.025
X_{13}	0.014	0.011	0.013	0.015	0.011	0.013	0.014	0.014	0.016	0.015	0.019	0.019	0.019	0.012
X_{14}	0.010	0.011	0.013	0.014	0.026	0.022	0.014	0.009	0.009	0.013	0.013	0.014	0.010	0.009
X_{15}	0.038	0.033	0.036	0.032	0.031	0.021	0.027	0.020	0.024	0.017	0.029	0.025	0.022	0.025
X_{16}	0.088	0.127	0.068	0.077	0.112	0.082	0.097	0.126	0.114	0.153	0.129	0.134	0.117	0.126

参 考 文 献

［1］安淑新.促进经济高质量发展的路径研究：一个文献综述［J］.
当代经济管理，2018，40（9）：11-17.

［2］蔡昉，林毅夫，张晓山，朱玲，吕政.改革开放40年与中国经济
发展［J］.经济学动态，2018（8）：4-17.

［3］钞小静，惠康.中国经济增长质量的测度［J］.数量经济技术经
济研究，2009，26（6）：75-86.

［4］陈冲，吴炜聪.消费结构升级与经济高质量发展：驱动机理与实
证检验［J］.上海经济研究，2019（6）：59-71.

［5］陈韶清，夏安桃.快速城镇化区域城市"韧性"时空演变及障碍因
子诊断——以长江中游城市群为例［J］.现代城市研究，2020（1）：37-
44，103.

［6］陈晓红，周宏浩.城市化与生态环境关系研究热点与前沿的图谱
分析［J］.地理科学进展，2018，37（9）：1171-1185.

［7］陈晓雪，时大红.我国30个省市社会经济高质量发展的综合评价
及差异性研究［J］.济南大学学报（社会科学版），2019，29（4）：100-
113，159-160.

［8］戴翔.主动扩大进口：高质量发展的推进机制及实现路径［J］.
宏观质量研究，2019，7（1）：60-71.

［9］丁守海，徐政.双循环格局下经济高质量发展路径探索［J］.宁

夏社会科学, 2021 (1): 5 – 11.

[10] 杜能. 孤立国同农业和国民经济的关系 [M]. 吴衡康译. 北京: 商务印书馆: 1997 年.

[11] 杜挺, 谢贤健, 梁海艳, 等. 基于熵权 TOPSIS 和 GIS 的重庆市县域经济综合评价及空间分析 [J]. 经济地理, 2014, 34 (6): 40 – 47.

[12] 范洪敏, 穆怀中. 中国人口结构与产业结构耦合分析 [J]. 经济地理, 2015, 35 (12): 11 – 17.

[13] 方大春, 马为彪. 中国省际高质量发展的测度及时空特征 [J]. 区域经济评论, 2019 (2): 61 – 70.

[14] 方叶林, 黄震方, 王坤, 涂玮. 基于 PCA-ESDA 的中国省域旅游经济时空差异分析 [J]. 经济地理, 2012, 32 (8): 149 – 154, 35.

[15] 干春晖, 郑若谷, 余典范. 中国产业结构变迁对经济增长和波动的影响 [J]. 经济研究, 2011, 46 (5): 4 – 16, 31.

[16] 葛林. 环境规制政策强度与经济高质量发展——基于省际面板数据的实证研究 [J]. 生态经济, 2020, 36 (9): 169 – 174.

[17] 公丕明. 中国经济高质量发展的理论逻辑、测度评价与政策建议 [J]. 宏观经济研究, 2023 (11): 4 – 13, 95.

[18] 郭春丽, 王蕴, 易信, 等. 正确认识和有效推动高质量发展 [J]. 宏观经济管理, 2018 (4): 18 – 25.

[19] 胡晨沛, 吕政. 中国经济高质量发展水平的测度研究与国际比较——基于全球 35 个国家的实证分析 [J]. 上海对外经贸大学学报, 2020, 27 (5): 91 – 100.

[20] 胡晓辉. 区域经济弹性研究述评及未来展望 [J]. 外国经济与管理, 2012 (8): 64 – 72.

[21] 胡泽文, 孙建军, 武夷山. 国内知识图谱应用研究综述 [J]. 图书情报工作, 2013, 57 (3): 131 – 137.

[22] 黄征学, 肖金成, 李博雅. 长三角区域市场一体化发展的路径选

择［J］. 改革, 2018（12）：83－91.

［23］贾洪文, 赵明明. 金融发展、产业融合与经济高质量发展——基于门槛模型的实证分析［J］. 上海经济研究, 2020（8）：58－69.

［24］焦利民, 李泽慧, 许刚, 等. 武汉市城市空间集聚要素的分布特征与模式［J］. 地理学报, 2017, 72（8）：1432－1443.

［25］金碚. 关于"高质量发展"的经济学研究［J］. 中国工业经济, 2018（4）：5－18.

［26］靳诚, 陆玉麒. 基于县域单元的江苏省经济空间格局演化［J］. 地理学报, 2009, 64（6）：713－724.

［27］卡马耶夫. 经济增长的速度与质量［M］. 湖北：湖北人民出版社, 1983.

［28］库兹涅茨. 现代经济增长［D］. 北京：北京经济学院出版社, 1998.

［29］李碧莹, 傅畅梅. 我国经济高质量发展的治理现代化视角阐释［J］. 湖北经济学院学报（人文社会科学版）, 2020, 17（9）：30－33.

［30］李彩华. 中国经济转向高质量发展阶段的历史必然性［J］. 中南财经政法大学学报, 2019（1）：9－17.

［31］李金昌, 史龙梅, 徐蔼婷. 高质量发展评价指标体系探讨［J］. 统计研究, 2019, 36（1）：4－14.

［32］李连刚, 张平宇, 谭俊涛, 关皓明. 区域经济弹性视角下辽宁老工业基地经济振兴过程分析［J］. 地理科学, 2019, 39（1）：116－124.

［33］李梦欣, 任保平. 新时代中国高质量发展的综合评价及其路径选择［J］. 财经科学, 2019（5）：26－40.

［34］李梦欣, 任保平. 新时代中国高质量发展指数的构建、测度及综合评价［J］. 中国经济报告, 2019（5）：49－57.

［35］李强. 用改革创新精神推进特色小镇建设［J］. 今日浙江, 2015（13）：8－10.

［36］李伟.高质量发展有六大内涵［J］.中国总会计师，2018（2）：9.

［37］李扬，张晓晶."新常态"：经济发展的逻辑与前景［J］.经济研究，2015，50（5）：4-19.

［38］刘瑞，郭涛.高质量发展指数的构建及应用——兼评东北经济高质量发展［J］.东北大学学报（社会科学版），2020，22（1）：31-39.

［39］刘岩，刘亚民，杜化荣.我国两大医学信息学期刊不同时期研究热点的比较分析［J］.中华医学图书情报杂志，2011（1）：10-14.

［40］刘燕妮，安立仁，金田林.经济结构失衡背景下的中国经济增长质量［J］.数量经济技术经济研究，2014，31（2）：20-35.

［41］刘友，金周健."换道超车"：新时代经济高质量发展路径创新［J］.湖南科技大学学报（社会科学版），2018，21（1）：49-57.

［42］刘志彪.理解高质量发展：基本特征、支撑要素与当前重点问题［J］.学术月刊，2018，50（7）：39-45，59.

［43］刘志彪，凌永辉.结构转换与高质量发展［J］.社会科学战线，2020（10）：50-60，281-282.

［44］卢小丽，周梦.从"核心-边缘"到空间正义：乡村旅游推动共同富裕的理论逻辑与实践路径［J］.西北农林科技大学学报（社会科学版），2023，23（6）：84-93.

［45］鲁邦克，邢茂源，杨青龙.中国经济高质量发展水平的测度与时空差异分析［J］.统计与决策，2019（21）：113-117.

［46］鲁继通.我国高质量发展指标体系初探［J］.中国经贸导刊（中），2018（20）：4-7.

［47］吕康娟，付旻杰.基于核心-边缘理论的中国汽车产业发展研究［J］.软科学，2009，23（2）：7-11，19.

［48］马茹，罗晖，王宏伟，等.中国区域经济高质量发展评价指标体系及测度研究［J］.中国软科学，2019（7）：60-67.

［49］孟德友，李小建，陆玉麒，等．长江三角洲地区城市经济水平空间格局演变［J］．经济地理，2014，34（2）：50-57.

［50］孟祥兰，邢茂源．供给侧改革背景下湖北高质量发展综合评价研究——基于加权因子分析法的实证研究［J］．数理统计与管理，2019，38（4）：675-687.

［51］莫龙炯，景维民．混合所有制改革对中国经济高质量发展的影响［J］．华东经济管理，2020，34（5）：1-10.

［52］欧进锋，许抄军，刘雨骐．基于"五大发展理念"的经济高质量发展水平测度——广东省21个地级市的实证分析［J］．经济地理，2020，40（6）：77-86.

［53］潘旭明，吴雪晖．比较优势、圈层结构与成渝经济区的协调发展［J］．宏观经济研究，2011（8）：72-79.

［54］彭翀，袁敏航，顾朝林，等．区域弹性的理论与实践研究进展［J］．城市规划学刊，2015（1）：84-93.

［55］普赖斯．小科学，大科学［M］．北京：世界科学出版社，1982.

［56］齐昕，张景帅，徐维祥．浙江省县域经济韧性发展评价研究［J］．浙江社会科学，2019（5）：40-46，156.

［57］屈小娥，马黄龙，王晓芳．省域经济高质量发展水平综合评价［J］．统计与决策，2022，38（16）：98-103.

［58］任保平，李禹墨．新时代我国高质量发展评判体系的构建及其转型路径［J］．陕西师范大学学报（哲学社会科学版），2018，47（3）：105-113.

［59］任保平，文丰安．新时代中国高质量发展的判断标准、决定因素与实现途径［J］．改革，2018（4）：5-16.

［60］任保平．新时代中国经济从高速增长转向高质量发展：理论阐释与实践取向［J］．学术月刊，2018（3）：105-113.

［61］上官绪明，葛斌华．科技创新、环境规制与经济高质量发展——来自中国278个地级及以上城市的经验证据［J］．中国人口·资源与环境，

2020, 30 (6): 95 - 104.

[62] 师博, 张冰瑶. 全国地级以上城市经济高质量发展测度与分析 [J]. 社会科学研究, 2019 (3): 19 - 27.

[63] 石华平, 易敏利. 环境治理、高质量发展与居民幸福感——基于 CGSS (2015) 微观调查数据的实证研究 [J]. 管理评论, 2020, 32 (9): 18 - 33.

[64] 史丹, 李鹏. 我国经济高质量发展测度与国际比较 [J]. 东南学术, 2019 (5): 169 - 180.

[65] 史丽娜, 唐根年. 中国省际高质量发展时空特征及障碍因子分析 [J]. 统计与决策, 2021, 37 (16): 114 - 118.

[66] 史文强, 孔昭君, 吴珊, 等. 基于 CiteSpace 知识图谱的军民融合研究热点与趋势分析 [J]. 西华大学学报 (哲学社会科学版), 2019, 38 (4): 76 - 90.

[67] 宋明顺, 范馨怡. 经济发展质量评价指标体系的探索与试验 [J]. 改革与战略, 2019, 35 (4): 23 - 31.

[68] 苏杭. 经济韧性问题研究进展 [J]. 经济学动态, 2015 (8): 144 - 151.

[69] 苏永伟, 陈池波. 经济高质量发展评价指标体系构建与实证 [J]. 统计与决策, 2019 (24): 38 - 41.

[70] 孙豪, 桂河清, 杨冬. 中国省域经济高质量发展的测度与评价 [J]. 浙江社会科学, 2020 (8): 4 - 14, 155.

[71] 孙久文, 孙翔宇. 区域经济韧性研究进展和在中国应用的探索 [J]. 经济地理, 2017, 37 (10): 1 - 9.

[72] 谭俊涛, 赵宏波, 刘文新, 等. 中国区域经济韧性特征与影响因素分析 [J]. 地理科学, 2020. 40 (2): 173 - 181.

[73] 田秋生. 高质量发展的理论内涵和实践要求 [J]. 山东大学学报 (哲学社会科学版), 2018 (6): 1 - 8.

［74］万红莲，赵亚伟，石雯洁，等．基于核心－边缘理论的关天经济区旅游圈构建研究［J］．地域研究与开发，2019，38（5）：97－100.

［75］汪侠，徐晓红．长江经济带经济高质量发展的时空演变与区域差距［J］．经济地理，2020，40（3）：5－15.

［76］王琛，郭一琼．地方产业抵御经济危机的弹性影响因素——以电子信息产业为例［J］．地理研究，2018，37（7）：1297－1307.

［77］王青，金春．中国城市群经济发展水平不平衡的定量测度［J］．数量经济技术经济研究，2018，35（11）：77－94.

［78］王永昌，尹江燕．论经济高质量发展的基本内涵及趋向［J］．浙江学刊，2019（1）：91－95.

［79］魏敏，李书昊．新时代中国经济高质量发展水平的测度研究［J］．数量经济技术经济研究，2018，35（11）：3－20.

［80］温诺·托马斯，等．增长的质量［M］．北京：中国财政经济出版社，2001.

［81］吴朝宁，李仁杰，郭风华．基于圈层结构的游客活动空间边界提取新方法［J］．地理学报，2021，76（6）：1537－1552.

［82］吴传清，邓明亮．科技创新、对外开放与长江经济带高质量发展［J］．科技进步与对策，2019，36（3）：33－41.

［83］吴士炜，余文涛．环境税费、政府补贴与经济高质量发展——基于空间杜宾模型的实证研究［J］．宏观质量研究，2018，6（4）：18－31.

［84］谢卫红，李杰，董策．国内制造业转型升级研究热点与趋势——基于 Citespace 的知识图谱分析［J］．广东工业大学学报，2018，35（6）：9－17.

［85］熊升银，王学义．产能过剩、技术创新与中国经济高质量发展［J］．统计与决策，2020（16）：86－90.

［86］熊巍，潘传快．县域高质量发展耦合协调水平评价与障碍因素分析——以湖北省为例［J］．统计与决策，2023，39（22）：123－127.

[87] 徐辉，师诺，武玲玲，等．黄河流域高质量发展水平测度及其时空演变 [J]．资源科学，2020，42（1）：115－126.

[88] 徐小鹰．供给侧改革背景下我国全要素生产率的实证分析 [J]．统计与决策，2018，34（3）：134－137.

[89] 徐媛媛，王琛．金融危机背景下区域经济弹性的影响因素——以浙江省和江苏省为例 [J]．地理科学进展，2017，36（8）：986－994.

[90] 薛冰，肖骁，李京忠，等．基于 POI 大数据的沈阳市住宅与零售业空间关联分析 [J]．地理科学，2019，39（3）：442－449.

[91] 亚当·斯密．国民财富的性质和原因的研究 [M]．北京：商务印书馆，1972.

[92] 闫涛，张晓平，陈浩，等．2001—2016 年中国地级以上城市经济的区域差异演变 [J]．经济地理，2019，39（12）：11－20.

[93] 闫雨，李成明，孙博文，等．政府干预、生产率与高质量发展 [J]．技术经济与管理研究，2019（6）：78－83.

[94] 杨仁发，李娜娜．产业集聚对长江经济带高质量发展的影响 [J]．区域经济评论，2019（2）：71－79.

[95] 杨志安，邱国庆．财政分权与中国经济高质量发展关系——基于地区发展与民生指数视角 [J]．财政研究，2019（8）：27－36.

[96] 殷醒民．高质量发展指标体系的五个维度 [N]．文汇报，2018－02－06.

[97] 尤蕾．县域如何走向高质量发展 [J]．小康，2019（21）：34－36.

[98] 于凤霞．稳就业背景下的新就业形态发展研究 [J]．中国劳动关系学院学报，2020，34（6）：44－54，85.

[99] 余泳泽．中国区域创新活动的"协同效应"与"挤占效应"——基于创新价值链视角的研究 [J]．中国工业经济，2015（10）：37－52.

[100] 曾冰．区域经济韧性内涵辨析与指标体系构建 [J]．区域金融

研究，2020（7）：74-78.

［101］张博雅．长江经济带高质量发展评价指标体系研究［D］．合肥：安徽大学，2019.

［102］张慧，易金彪．经济高质量发展与城市韧性的耦合关系及时空演变分析——以中国十大城市群为例［J］．西南民族大学学报（人文社会科学版），2023，44（10）：110-121.

［103］张杰，唐根年．浙江省制造业空间分异格局及其影响因素［J］．地理科学，2018，38（7）：1107-1117.

［104］张军扩，侯永志，刘培林，等．高质量发展的目标要求和战略路径［J］．管理世界，2019（7）：1-7.

［105］张凯强．环境财政支出与环境污染［J］．城市与环境研究，2018（4）：94-110.

［106］张瑞，王格宜，孙夏令．财政分权、产业结构与黄河流域高质量发展［J］．经济问题，2020（9）：1-11.

［107］张旭．中国经济高质量发展的基础与方向［J］．红旗文稿，2022（5）：31-33.

［108］张耀光．最小方差在农业类型（或农业区）划分中的应用——以我国粮食作物结构类型划分为例［J］．经济地理，1986，6（1）：49-55.

［109］张煜晖，王钺．雾霾污染与城市经济高质量发展［J］．经济问题探索，2020（7）：61-71.

［110］张震，刘雪梦．新时代我国15个副省级城市经济高质量发展评价体系构建与测度［J］．经济问题与探索，2019（6）：20-31，70.

［111］赵昌文，许召元，朱鸿鸣．工业化后期的中国经济增长新动力［J］．中国工业经济，2015（6）：44-54.

［112］赵金丽，张落成．基于"核心-边缘"理论的泛长三角制造业产业转移［J］．中国科学院大学学报，2015，32（3）：317-324.

［113］郑世林，张美晨．科技进步对中国经济增长的贡献率估计：

1990 – 2017 年［J］. 世界经济，2019，42（10）：73 – 97.

［114］郑世林. 中国政府经济治理的项目体制研究［J］. 中国软科学，2016（2）：23 – 38.

［115］郑涛，李达，石岩璞，等. 京津冀区域经济差异时空特征分析［J］. 工业技术经济，2017，36（1）：93 – 101.

［116］周宏浩，陈晓红. 东北地区可持续生计安全时空分异格局及障碍因子诊断［J］. 地理科学，2018，38（11）：1864 – 1874.

［117］周文，李思思. 高质量发展的政治经济学阐释［J］. 政治经济学评论，2019，10（4）：43 – 60.

［118］周园. 高韧性社会［M］. 北京：中国出版集团，中译出版社，2021.

［119］朱慧，周根贵. 生产性服务业协同集聚形成机制及其空间效应研究［M］. 北京：中国财政经济出版社，2017.

［120］Abdouli M, Hammami S. The impact of FDI inflows and environmental quality on economic growth: an empirical study for the MENA countries［J］. Journal of the Knowledge Economy, 2017, 8（1）: 254 – 278.

［121］Adger W N. Social Capital, Collective Action and Adaptation to Climate Change［J］. Economic Geography, 2009, 79（4）: 387 – 404.

［122］Ahern J. From fail-safe to safe-to-fail: sustainability and resilience in the new urban world［J］. Landscape and Urban Planning, 2011, 100（4）: 341 – 343.

［123］Angelina I, Gang X X, Vladimir S. Econometric modelling of influence of level of the social and economic infrastructure on quality of life of the population［J］. Economics and Culture, 2017, 14（1）: 119 – 127.

［124］Apergis N, Filippidis I, Econmidou C. Financial deepening and economic growth linkages: a panel data analysis［J］. Review of World Economics, 2007, 143（1）: 179 – 198.

[125] Au C C, Henderson J V. Are Chinese cities too small? [J]. Review of Economic Studies, 2006, 73 (3): 549 – 576.

[126] Balland P A, Rigby D, Boschma R. The Technological Rresilience of US Cities [J]. Cambridge Journal of Regions Economy and Society, 2015, 8 (2): 167 – 184.

[127] Barro R J. Quantity and Quality of Economic Growth [J]. Working Papers Central Bank of Chile, 2002, 5 (2): 17 – 36.

[128] Boschma R. Towards an Evolutionary Perspective on Regional Resilience [J]. Regional Studies, 2015, 49 (5): 733 – 751.

[129] Brakman S, Garretsen H, Van Marrewijk C. Regional resilience across Europe: on urbanisation and the initial impact of the Great Recession [J]. Cambridge Journal of Regions, Economy and Society, 2015, 8 (2): 309 – 312.

[130] Briguglio L, Cordina G, Farrugia N, et al. Conceptualizing and Measuring Economic Resilience [J]. Building the Economic Resilience of Small States, 2006 (2): 265 – 288.

[131] Britow G. Resilient regions: Replacing regional competitiveness [J]. Cambridge Journal of Regions, Economy and Society. 2010, 3 (1): 153 – 167.

[132] Brown L, Greenbaum R T. The role of industrial diversity in economic resilience: An empirical examination across 35 years [J]. Urban Studies, 2017, 54 (6): 1347 – 1366.

[133] Chaudhuri S et al. Assessing household vulnerability to poverty from cross-sectional data: A methodology and estimates from Indonesia [D]. Columbia University, Department of Economics, Discussion Paper Series 2001: 1 – 40.

[134] Christopherson S et al. Regional resilience: Theoretical and empirical oerspectives [J]. Cambridge Journal of Regions, Economy and Society, 2010, 3 (1): 3 – 10.

［135］Crespo J，Suire R，SVicente J. Lock-in or lock-out How structural properties of knowledge networks affect regional resilience ［J］. Papers in Evolutionary Economic Geography，2012，14（1）：199－219.

［136］David B. The New Economics：A Bigger Picture ［M］. London：Earthscan Publications，2009.

［137］David P A. Path dependence：A foundational concept for historical social science ［J］. Cliometrica，2007，1（2）：91－114.

［138］Dawley S，Pike A，Tomaney J. Towards the resilient region：Policy activism and peripheral region development ［J］. SERC Discussion Paper，2010，25（8）：650－667.

［139］Dicaro P. Recessions，recoveries and regional resilience：evidences on Italy ［J］. Cambridge Journal of Regions，Economy and Society，2015，（8）：331－342.

［140］Friedmann J. Regional Development Policy：A Case Study of Venezuela ［M］. The MIT Press，1966.

［141］Frolov S M，Kremen O I，Ohol D O. Scientific methodical approches to evaluating the quality of economic growth ［J］. Actual Problems of Economics，2015，173（11）：393－398.

［142］Gemmell N，Kneller R，Sanz I. Does the composition of government expenditure matter for long-run GDP levels？［J］. Oxford Bulletin of Economics and Statistics，2016，78（4）：522－547.

［143］Grillitsch M，Sotarauta M. Trinity of change agency，regional development paths and opportunity spaces ［J］. Progress in Human Geography，2020，44（4）：704－723.

［144］Guillaumont P. An economic vulnerability index：Its design and sue for international development policy ［J］. Oxford Development Studies，2009，37（3）：193－228.

［145］Hassink R. Regional resilience: a promising concept to explain differences in regional economic adaptability? ［J］. Social Science Electronic Publishing, 2010, 3 (1): 45 −58.

［146］Hauser C, Tappeiner G, Walde J. The Learning Region: The Impact of Social Capital and Weak Ties on Innovation ［J］. Regional Studies, 2007, 41 (1): 75 −88.

［147］Held B, Rodenhauser D, Diefenbacher H, et al. The national and regional welfare index (NWI/RWI): redefining progress in Germany ［J］. Ecological Economics, 2018 (145): 391 −400.

［148］Holling. Resilience and stability of ecological systems ［J］. Annual Review of Ecological Systematics, 1973, 4 (1): 1 −23.

［149］Hudson R. Resilient regions in an uncertain world: Wishful thinking or practical reality ［J］. Cambridge Journal of Regions, Economy and Society, 2010, 3 (1): 11 −26.

［150］Jefferson G, Hu A G Z, Guan X J, et al. Ownership, performance, and innovation in China's large-and medium-size industrial enterprise sector ［J］. China Economic Review, 2003, 14 (1): 89 −113.

［151］Jennifer C, Hsin-I H, Walsh J P. A typology of 'innovation districts': What it means for regional resilience ［J］. Cambridge Journal of Regions Economy & Society, 2010 (1): 121 −137.

［152］Kim H S. Patterns of economic development: correlations affecting economic growth and quality of life in 222 countries ［J］. Politics & Policy, 2017, 45 (1): 83 −104.

［153］Kojima K. The "flying geese" model of Asian economic development: origin, theoretical extensions, and regional policy implications ［J］. Journal of Asian Economics, 2000, 11 (4): 375 −401.

［154］Le Van C, Nguyen-Van P, Barbier-Gauchard A, et al. Government expenditure, external and domestic public debt, and economic growth [J]. Journal of Public Economic Theory, 2019 (21): 116 – 134.

[155] Liu Y, Wang F, Xiao Y, Gao S. Urban land uses and traffic 'source-sink areas': evidence from gps-enabled taxi data in shanghai [J]. Landscape & Urban Planning, 2012, 106 (1): 73 – 87.

[156] Lucas R E. On the mechanics of economic development [J]. Journal of Monetary Economics, 1988, 22 (1): 3 – 42.

[157] Luthar S, Becker B. The construct of resilience: A critical evolution and guidelines for future work [J]. Child Development, 2000, 7 (1): 543 – 562.

[158] MacKinnon D, et al. Evolution in economic geography: Institutions, political economy and adaptation [J]. Economic Geography, 2009, 85 (2): 129 – 150.

[159] Manyena S B. The concept of resilience revisited [J]. Disasters, 2006, 30 (4): 433 – 450.

[160] Martinez M, Mlachila M. The quality of the recent high-growth episode in Sub-Saharan Africa [J]. IMF working paper. 2013, 13 (53): 3.

[161] Martin R. Path dependence and regional economic evolution [J]. Journal of Economic Geography, 2006, 6 (4): 395 – 437.

[162] Martin R. Regional economic resilience, hysteresis and recessionary shocks [J]. Journal of Economic Geography, 2012, 12 (1): 1 – 32.

[163] Martin R, Sunley P, Tyler P. Local growth Evolutions: Recession, Resilience and Recovery [J]. Cambridge Journal of Regions Economy and Society, 2015, 8 (2): 141 – 148.

[164] Martin R. The Roepke lecture in economic geography-Rethinking regional path dependence: Beyond lock-in to evolution [J]. Economic Geography, 2010, 86 (1): 1 – 27.

[165] Masten A, et al. Resilience and development: Contributions from the

study of children whoovercame adversity [J]. Development and Psychoppathology, 1990, 2 (4): 425 – 444.

[166] Mlachila M. Tapsoba R, Tapsoba S J A. A quality of growth index for developing countries: a proposal [J]. IMF Working Paper, 2014: 172.

[167] Pendall R, Foster K A, Cowell M. Resilience and Regions: Building Understanding of The Metaphor [J]. Cambridge Journal of Regions Economy and Society, 2009, 3 (1): 71 – 84.

[168] Perring C. Resilience and sustainable development [J]. Environment and Development Econnmics, 2006 (11): 417 – 427.

[169] Pike A, et al. Resilience, adaptation and adaptability [J]. Cambridge Journal of Regions, Economy and Society, 2010, 3 (1): 59 – 70.

[170] Popkova E G. New quality of economic growth concept [J]. International Journal of Economic Policy Studies January, 2010, 5 (1): 75 – 88.

[171] Poveda A C. Economic development and growth in Colombia: an empirical analysis with super-efficiency DEA and panel data models [J]. Socio-Economic Planning Sciences, 2011, 45 (4): 154 – 164.

[172] Rokhim R, Wahyuni S, Wulandari P, et al. Analyzing key success factors of local economic development in several remote areas in Indonesia [J]. Journal of Enterprising Communities: People and Places in the Global Economy, 2017, 11 (4): 438 – 455.

[173] Romer P M. Endogenous technological change [J]. Journal of Political Economy, 1990, 98 (5): 71 – 102.

[174] Roy A, Goll I. Predictors of various facets of sustainability of nations: the role of cultural and economic factors [J]. Regional Studies, 2014, 48 (1): 30 – 45.

[175] Sabatini F. Social captial and the quality of economice development [J]. Kyklos, 2008, 61 (3): 34.

［176］ Sensier M, Bristow G, Healy A. Measuring Regional Economic Resilience Across Europe: Operationalizing A Complex Concept ［J］. Spatial Economic Analysis, 2016 (3): 1 – 24.

［177］ Simmie J, Martin R. The economic resilience of regions: Towards an evolutionary approach ［J］. Cambridge Journal of Reigons, Economy and Society, 2010, 3 (1): 27 – 43.

［178］ Stefan G. Considerations on the theory of economic growth and development ［J］. Procedia-social and Behaviral sciences, 2012 (10): 280 – 284.

［179］ Tavasszy L A, Ruijgrok C J, Thissen M J P M. Emerging global logistics networks: implications for transport systems and policies ［J］. Growth & Change, 2010, 34 (4): 456 – 472.

［180］ Thomas V, Wang Y, Fan X. Measuring education inequality: Gini coefficients of education ［J］. Social Science Electronic Publishing, 2001, 1 (100): 43 – 50.

［181］ Thompson H. Local entrepreneurial resilience and culture: the role of social values in fostering economic recovery ［J］. Cambridge Journal of Regions, Economy and Society, 2015, 8 (2): 313 – 330.

［182］ Treado C D. Pittsburgh's evolving steel legacy and the steel technology cluster ［J］. Social Science Electronic Publishing, 2010, 3 (1): 105 – 120.

［183］ United Nations Development Programme (UNDP). Human development reports ［R］. New York: Oxford University Press, 2002: 141 – 162.

［184］ Van Bergeijk P A G, Brakman S, Van Marrewijk C. Heterogeneous economic resilience and the great recession's world trade collapse ［J］. Papers in Regional Science, 2017 (6): 3 – 12.

［185］ Whitley R. The institutional structuring of innovation strategies: Business systems, firm types and patterns of technical change in different market economies ［J］. Organization Studies, 2000, 21 (5): 855 – 886.

［186］ World Bank. World Bank development new system to measure wealth of nation ［R］. Washing D. C. , 1995.

［187］ Zhou H P, Jin H, Li R J. The relationship between financial agglomeration and economic growth in Beijing-Tianjin-Hebei area ［C］. Proceedings of the 11th Euro-Asia Conference on Environment and CSR: Tourism, Society and Education Session (Part Ⅱ), 2015: 289 – 296.